在行动中学作

课例研究

胡振芳◎主编

九州出版社
JIUZHOUPRESS

图书在版编目（CIP）数据

在行动中学作课例研究 / 胡振芳主编. —北京：
九州出版社，2021.5

ISBN 978-7-5225-0059-1

Ⅰ.①在⋯　Ⅱ.①胡⋯　Ⅲ.①小学－教案(教育)－教
学研究　Ⅳ.①G622.3

中国版本图书馆CIP数据核字（2021）第099845号

在行动中学作课例研究

作　　者	胡振芳　主编	
责任编辑	李创娇	
出版发行	九州出版社	
地　　址	北京市西城区阜外大街甲35号（100037）	
发行电话	（010）68992190/3/5/6	
网　　址	www.jiuzhoupress.com	
印　　刷	天津中印联印务有限公司	
开　　本	710毫米×1000毫米　16开	
印　　张	13	
字　　数	176千字	
版　　次	2021年6月第1版	
印　　次	2021年6月第1次印刷	
书　　号	ISBN 978-7-5225-0059-1	
定　　价	49.00元	

本书编委会

主　编：胡振芳

编　委：张继红　柴海英　付永清　傅　龙

不应把教学视为研究的对象，而应把教学视为研究本身。解决教学改进问题的焦点不是对教师的专业化担忧，而是要找到一种能够发展教师专业知识和提供教师学习如何教学的机会的机制。很明显，课例研究就是这样一种机制。

——安桂清（华东师范大学副教授）

让改变真实发生（代序）

  北京铁路实验小学始建于1953年，曾是全国铁路系统重点小学，有着悠久的历史和丰富的文化底蕴。2004年移交海淀区教委管理，正式更名为海淀区羊坊店第五小学，简称"羊五小"。2019年6月，才更名为"北京铁路实验小学"。2018年春天，我在吴欣歆教授办公室第一次见到北京铁路实验小学的张继红副校长和羊坊店学区王志老师，他们受胡振芳校长的委托前来，希望我们团队能够给予北铁实验教师的专业发展以支持。在交流过程中，我真切感受到学校领导变革发展的决心，也非常认同学校把教师专业发展摆在首位的决策。一线教师主动变革的信念值得我们教师培训者全力保护与支持。尽管当时手头工作繁多，但我还是愿意代表团队去和北铁实验的老师们共同研讨。2018年暑假，我与学校领导团队详细沟通并谨慎评估，最终选择"课例研究"作为学校教师专业发展的抓手，开展以"课例"为载体、以观察为手段、以真实教学问题为对象、以行为改变为目标的教学研究。

  从2018年9月份到2020年8月份，北铁实验的"课例研究"走过了三个阶段：试点阶段、深入阶段与总结阶段。2018年秋季学期，我们先以语文教研组作为试点，在确保学校正常教学秩序不受影响的同时，有序开展课例研究。这一阶段我们进行了两轮研究：第一轮选择的课例是《一只小鸟》，由入职两年的新任教师李雪薇执教；第二轮选择的课例是《诱拐》，由入职十多年的成熟教师赵丽梅执教。两轮研究我们都按照"合作设计研究课""观察实施中的研究课""讨论研究课""重新设计研究课""实施经过重新设计的课"等五个基本步骤开展。在研究过程中，我们穿插了《课堂观察方法与技术》《如何开展课例研究》《基于行动研究的教育科研成果提炼》等辅导讲座，吸纳了国内外研究者关于"课例研究"与"课堂观察"的先进成果，让语文组与全校所有学科组教师都熟练掌握课例研究的基本方法与步骤。为了加强学习与交流，在实施重新设计的研究课时，我们特意邀请北京市其他小学的名师走进北铁实验进行同课异构，增加课堂观察的对照组。试点阶段的课例研究在捕获课堂实践性知识、改进教师教学行为与信念等方面取得了良好成效。

2019年全年，全校数学、英语、体育、综合等教研组陆续开始推进课例研究，我主要跟进了艺术教研组的课例研究。在深入研究阶段，我们不但结合各学科的特点微调了课堂观察方法，而且尝试了课堂教学的实践创新。例如，美术学科马惠青老师执教的《童话中的色彩》课例，共设计了"观察生活，发现色彩""透过作品，解读色彩""多种媒材，表现色彩"三个教学活动，在第三个活动中渗透了跨学科的教学内容。马惠青老师让学生用美术学科"色彩"的知识与技法来表现灰姑娘、红桃皇后、小王子、白雪公主等童话人物形象。学生创作的作品中既渗透了对于"冷抽象与热抽象""色彩与情绪"等美术学科概念的理解，也表现出童话人物的美与丑、善与恶，具有强烈的视觉冲击力和丰富的想象力。

2020年春季学期，受新冠疫情的影响，全国中小学校延期开学。北铁实验的老师在认真指导学生疫情期间的学习、生活之余，开展了总结阶段的工作。疫情期间我没有办法与老师们见面，这一阶段的研究完全在胡振芳校长、张继红副校长和柴海英副校长的规划和指导下自主开展。2020年暑假，我接到张继红副校长的电话，得知老师们已经完成了课例研究第三阶段的工作，正准备整理出版研究成果。此前在研讨课例的过程中，我常常说评价一个教学环节好或不好要有课堂观察的可靠证据。北铁实验小学自主推进总结阶段的研究可以说是学校教师专业发展的最好证据。

课例研究的三个阶段是改变发生的真实轨迹，与北铁实验教师团队相处的过程则让我感受到促使改变发生的真正力量。北铁实验的校长们是清一色的女教师，和煦温暖如春风，但是对于学校发展的判断与规划又极其冷静与理性，既有高瞻远瞩的视野，又有细致入微的执行。试点阶段的语文组教师展示了她们的智慧与担当，高琳和韩静两位老师不仅承担了语文组课堂观察的许多任务，还帮助其他学科组的教师开展研究；深入阶段的艺术组教师令我惊叹，不仅课堂教学多姿多彩，而且开展研究一丝不苟；肖爱萍老师在语文组的协助下整理了课堂观察的大量数据。学校所属的羊坊店学区经常参与和支持学校的研究活动，一方面学区教学部的朱志勇老师、王志老师、王迪老师给予了具体指导；另一方面学校的课例研究结论也为学区其他学校的教师提供了样例。如果没有上述的合力，任何完美的研究计划都无法真正落地。

一个教师从入职到退休，其职业生涯有近35—40年的时间，在这个不断成长的过程中，成长和发展的奥秘就是学习怎样与变革的各种力量相处，削弱消极的力量，增加积极的力量。百年大计，教育为本；教育大计，教师为本。在课例研究的过程中，不管是处于适应期的新任教师，还是处于发展期的成熟教师，每个人都在寻找自己专业发展的着力点与增长点。加拿大教育研究者迈克尔·富兰（Michael Fullan）说过，"变革是一次走向未知的目的地的旅行；在这里，问题就是我们的朋友，寻求帮助是力量的象征；在这里，自上而下和自下而上同时发生的创新结合在一起；在这里，同事关系和个人主义同时共存于有成效的紧张工作之中。"期待北铁实验的教师团队在教学的过程中研究、在研究的状态下教学，不断在专业思想、专业知识、专业能力等方面发展和完善，把学校建成一所"智慧儒雅，和谐开放"的海淀区知名小学，培养儒于内，雅于外；敏于思，笃于行，具有家国情怀和国际视野的健康少年。

许 艳

2020年10月于北京教育学院

"课例研究"引领"专业发展"（自序）

"要有好的学校，先要有好的教师"。20世纪20年代，教育家陶行知在创办晓庄师范时就提出了这一主张。反观现在的教育，没有哪一所好学校的发展不是依赖于好的教师。若没有一支研究型、创新型的教师团队，再好的学校发展构想也难以实现。无疑，教师是一所学校发展的灵魂。那么，我所在的北铁实验有这样一支专业化的教师团队吗？我们怎样引领我们的教师走上专业化发展的道路呢？

我觉得要解决这样一个问题首先要了解什么是教师专业化。我个人对教师专业化大致有以下两种理解：从静态的角度来讲，教师专业化是指教师成为专业人员得到社会承认这一发展结果；从动态的角度来说则主要是指教师在严格的专业训练和自身不断主动学习的基础上，逐渐成长为一名专业人员的发展过程。从以上论述中不难发现教师专业化既是一种状态又是一个不断深化的过程。

从静态的角度来看，国内外把教师视为一种专业工作基本得到了社会的认可，美国于1987年成立了全国教师标准委员会，我国1994年颁布了《教师法》规定："教师是履行教育教学职责的专业人员。"那么什么样的教师算是达到了专业化的标准呢？从国内的研究来看，虽然很多，但是还没有形成有影响的权威见解和观点，多是一些"什么是好教师"的讨论，例如把专家型教师定位为"具有积极进取、勤奋好学的思想；具有勤于思考、求异创新的思维；具有教研结合、成果丰硕的行为，他们不仅教学成绩突出，而且科研成果丰硕"。国外此方面的研究较为规范，如美国加州在1997年制定的教师专业标准，这一标准不是抽象地谈教师的发展，而是紧扣教师教育、教学全过程，其标准由六类相关联的教学活动组成：（1）鼓励并帮助全体学生参与学习；（2）为学生学习营造并保持有效的环境；（3）围绕学生学习去理解并组织学科内容；（4）为全体学生制定教学计划并设计教学活动；（5）评估学生学习效果；（6）发展成为一名专业教育工作者。教师对这些目标的落实情况决定了其专业发展水平。

如果从动态的角度来说，无论是国内还是国外，为了提高教师专业化发展的水平，人们采用的策略是不同的。大致经历了从群体专业化发展策略到个体专业化发展策略的过程。群体专业发展着力于制定严格的专业规范，然而其作用只是有助于专业制度的建设，而制度只能把不符合要求的教师"过滤"掉，并不能促进教师专业化程度的提高。教师的个体专业发展则经历了一个从教师个体被动发展到教师个体主动发展的过程。教师个体被动专业化强调将"学科内容的知识、教学论、心理学原理及其技术的合理利用"等通过"教"的方式"传递"给教师，常用方法为听课、评课、专家讲座等，在这里，教师的主动性在一定程度上被忽略，教师的专业化发展几乎完全是外部因素影响的结果。教师个体主动专业化是随着"教师即研究者"（20世纪60年代美国课程理论家斯滕豪斯）的提出而提出的，它强调教师的发展关键在于实践性知识的不断丰富，而这类知识的获得，因为其特有的个体性、情境性、开放性和探索性特征，要求教师通过自我实践的反思和训练才能得到和确认，靠他人的给予似乎是不可能的。20世纪上半叶，就有许多学者提出教师应该参与课堂研究的设想。然而在20世纪60年代之前，教师仍然只是研究成果的接收者。那么怎样才能真正引领教师参与课堂研究呢？我想最好的方式就是开展"课例研究"。

课例研究是指围绕一堂课的教学在上课之前、上课之中、上课之后所进行的一系列的活动，包括研究人员、上课人员以及学生之间的沟通、对话和讨论。

我们所说的"课例研究"与传统的"听课评课"是有区别的。我个人认为课例研究属于专业的听评课，它和传统的听评课相比更专业，更注重专业发展。它要求运用有关辅助工具（观察表、录音录像设备等），直接或间接（主要是直接）从课堂情境中收集资料，对课堂的运行状况进行记录、分析和研究，并在此基础上谋求学生课堂学习的改善、促进教师发展的专业活动。这一研究形式最早来源于日本，20个世纪60年代的时候，课例研究已经在日本得到了普遍应用，直到2002年，课例研究在中国才得到初步实践。课例研究的对象是"课例"，而课例是关于一堂课教与学的案例。课例研究有着自身的规律性，即以课堂教学事实为研究对象，尊重客观事实，用一定的研究方法，探究教学事实蕴藏着的教学规律和教学经验教训，在研究中探索提高教学效率的路径，提升教师的教学素养。在日本，课例研究已经成为中小学教师促进自身专业发展的重要途径，在联结教育教学方面的理论和教育教学实践、教师与研究者的联系等方面，已经成为至关重要的"桥梁和纽带"。

正是基于这样的认识，2018年，我们开始与北京教育学院吴欣歆教授和许艳博士联手开展"小学教师合作课例研究"校本研修活动。两年的时间，学校的语文、数学、英语、音乐、体育、美术等学科教师结成研修团队。在备课、讲授课、集体研修讨论并改进教学的过程中，教师们加强了自身学习的针对性和实效性。研究让教师们逐渐认识到自己不仅是课堂教学的实践者，更是课堂教学的研究者。他们开始尝试把课堂作为自己的实验室，通过有针对性的课堂教学，不断反思、研究、讨论自己的计划，不断改进和发展自己的课堂内容，以实现更有效的教学，从而提升自己的专业素养。

本书选取了教师们在研究中的13篇案例，全方位展现了教师们是怎样在行动中学作课例研究的。本书可为做同类研究的教师提供借鉴与学习。

胡振芳

2020年9月

目 录

第三章 其他学科课例研究"进行时"

第一章
语文学科课例研究"进行时"

第一节　小学语文三年级《一只小鸟》课例研究

——叙事文教学中提升师生课堂互动质量的教学实践研究

研究团队：张继红、柴海英、韩静、李雪薇

执笔人：高琳

一、研究背景

叙事文是小学语文教材中的重要文体类型。《义务教育语文课程标准（2011年版）》在第二学段（3—4年级）学段目标与内容中提出"能复述叙事性作品的大意，初步感受作品中生动的形象和优美的语言，关心作品中人物的命运和喜怒哀乐，与他人交流自己的阅读感受"。在第三学段（5—6年级）学段目标与内容中进一步提出"阅读叙事性作品，了解事件梗概，能简单描述自己印象最深的场景、人物、细节，说出自己的喜爱、憎恶、崇敬、向往、同情等感受"。

在叙事文教学中，师生课堂互动推动着教学进程与学生思维，使学生深入文本，了解事件，感受形象，关心人物，体会作者的思想感情，交流自身的阅读感受。师生课堂互动质量影响学生发展，关系教学成效。高质量的师生互动更有助于撬动学生的思维转变，促进学生语文学科核心素养的发展。

为了解决叙事文教学中的师生课堂互动质量问题，本课例研究小组将师生课堂互动质量分解为教师提问类型、师生对话方式、师生对话深度、师生课堂行为基本结构的四个方面，采用记号体系法和编码体系法两种课堂观察方法进行研究。记号体系法是对课堂中教师提出的问题和采用的提问策略进行记录与分析的一种聚焦式课堂观察方法。S-T编码体系法是通过对教学过程中教师行为（称为T行为）和学生行为（称为S行为）进行采样与编码，描述课堂的基本结构与实时发生的事件来分析课堂教学质量与特征的课堂观察方法。研究过程安排一位新任教师与一位成熟教师在平行的不同班级，针对同一篇目连续3次"施教—研讨—改进"，在教学的过程中研究，在研究的指导下教学，直至所关注的问题得到比较好地解决，最后总结梳理成文。

研究选取了北京师范大学出版社出版的，义务教育课本《语文》小学三年级上册第六单元的叙事文《一只小鸟》作为教学篇目。该文出自文学名匠冰心之手，语言清新流畅。文章主要讲述的是一只羽翼未丰的小鸟每天在树枝上唱歌，被孩子们射中后，又被两只老鸟接住并带回巢中的事。

二、研究过程

（一）试教课研究

2018年9月我们进行了第一次试教课。本次课是教龄不到两年的新任教师L。L老师为本节课确立了3个教学目标：通过抓住重点词语、联系上下文和生活实际、合理想象等方法理解本课的"啁啾""跌"等词语及相关句子；边读边想象，体会鸟与自然的和谐，懂得鸟类是人类的朋友，应该保护它们，维护大自然和谐等的道理，同时感受亲情的伟大；引导学生进行合理的想象，试着续写一段话。

为了达成教学目标，设计了以下教学环节：复习词语，用不同的方式（字音、字义）巩固词语，在语境中理解词语意思；默读思考，回顾课文，思考这是一只怎样的小鸟？品读文本，通过让学生标画具体的语句，感受出这是一只快乐的小鸟，进而感悟"和谐"；品词析句，结合第五、六自然段，让学生抓词句、谈体会进而感悟亲情的伟大；前后对比，提出问题，孩子们是否喜欢小鸟？既然喜欢小鸟为什么还要捉它？这两个问题的追问让孩子体会怎样做才是对小鸟真正的爱，进而揭示课文主旨。

课堂观察结果

1. 教师提问类型

L老师整节课共提出了38个问题，其中"是何类"问题占据了绝大部分，达到了65.8%，而迁移性的"若何类"问题只占了13.2%。

表 1-1-1　L老师提问类型的频次与比例

问题类型	频次	比例
是何类问题	25	65.8%
为何类问题	4	10.5%
如何类问题	3	7.9%
若何类问题	5	13.2%
常规管理性问题	0	0
无意识问题	1	2.6%
合计	38	100%

以下为梳理出来的问题详表：

表 1-1-2　L老师试教课的问题简述

问题序号	问题简述
1	"景致"这个词有什么近义词吗？还有吗？
2	"血"字有几个读音啊？另外一个音读什么？
3	请同学们自由朗读课文，想想课文中的小鸟是一只怎样的小鸟？
4	（学生读书后）说说这是一只怎样的小鸟？
5	（快乐与可怜）为什么小鸟有如此大的变化呢？孩子们的什么做法导致小鸟有这么大的变化？
6	我想请大家跟我看一幅图，看到几只小鸟了吗？老鸟和小鸟飞过的时候，有几条斜线，你们看到了吗？
7	她提到的一个词是"可怜"。还有不同的想法吗？
8	那孩子们做了什么？

问题序号	问题简述
9	请坐,那么用一个字来概括,孩子们这种做法是?
10	课文哪一部分让你感受到这只小鸟很快乐?
11	读的时候,我们想一想,哪些句子或词语,让你感受到小鸟特别快乐,特别幸福?
12	小鸟们,此时此刻,你在和爸爸妈妈说些什么呢?还有吗?
13	大家找一找,从这句话,能找到表现小鸟快乐幸福的词语吗?
14	"探"是这只小鸟的一个动作,你做做这个动作。小鸟慢慢地"探"出头来。这个字给了你什么感受?
15	刚刚有同学提到了,小鸟探出头来,它看到了灿烂的阳光,葱绿的树木,如果你是这只小鸟,你还能看到什么美好的景致?还有吗?
16	看见这么美的景色,此时此刻你觉得小鸟最想做什么?还有吗?
17	刚刚我们同学已经体会过小鸟这种快乐了,接下来请你读读第五、六自然段,哪些句子和词语,让你感受到这是一只可怜的小鸟?
18	老师想问问你,你有标出哪个重点词语吗?
19	你标出一个"弹子",为什么?其他同学你们圈出来哪个重点词语了?
20	在这句话里找一找,你觉得哪个词能表现出小鸟的可怜?
21	一翻身从树上怎么下去?跌了下去。那同学们从"跌"字中感受到了什么?
22	它现在的样子就叫"跌"了下去。那为什么作者不用"掉"了下去?
23	追问:那现在是谁掉下去?(小鸟)
24	追问:那小鸟怎么掉下去的?
25	追问:也就是小鸟现在它能控制住自己吗?
26	啪,打在小鸟身上,是什么样的感觉?
27	就在这个时候,它从巢里跌了下来,什么出现了?我们一起来读一读。
28	"斜刺里两只老鸟箭也似的飞来,接住了它,衔上巢去。"从这一句话中,能找到哪个词,是表现这种特别危急的时刻?
29	就在这一瞬间,老鸟完成了飞、接、衔三个动作,说明什么?
30	那你们刚才还划了哪个句子,能表现出小鸟很可怜?
31	"它的血从树隙里一滴一滴地落到地上来。"那这句话中,你抓住哪个重点词语?
32	鸟从一只快乐小鸟,变成了一只可怜的小鸟。那造成这个事故的孩子,他喜欢小鸟吗?从哪看出来的?
33	那现在我们想一想,这些孩子,明明这么喜欢小鸟,为什么还要把它捉回去?

问题序号	问题简述
34	孩子们其实是爱小鸟的，只不过他们爱的这种方式对吗？（不对）。小鸟后来怎么样了？
35	此时此刻，你觉得树下这帮孩子，他们的心情是怎么样的？
36	此刻孩子们也后悔难过。请你想想，什么样的爱才是对小鸟真正的爱？还有吗？
37	所以我们真的爱它，应该做到怎么样？
38	我们应该做到保护小鸟，爱护小鸟，你们能做到吗？

2. 师生对话方式

L老师在整节课中，让学生齐答或自由答的问题占35.4%，叫举手者答的问题占60.4%，鼓励学生提出问题的占4.2%。与教师挑选回答问题的方式相呼应，学生集体齐答占13.16%，讨论后汇报占5.26%，个别回答占76.32%，自由答占5.26%。教师肯定回应占52.64%，无回应占23.68%，重复学生回答并解释占23.68%。

表 1-1-3　试教课师生对话不同方式的频次与比例

观察维度		频次	比例
教师挑选回答问题的方式	提问前先点名	0	0
	让学生齐答或自由答	17	35.4%
	叫举手者答	29	60.4%
	叫未举手者答	0	0
	鼓励学生提出问题	2	4.2%
学生回答的方式	集体齐答	5	13.16%
	讨论后汇报	2	5.26%
	个别回答	29	76.32%
	自由答	2	5.26%
	无人回答	0	0
教师的回应方式	肯定回应	20	52.64%
	否定回应	0	0
	无回应	9	23.68%
	打断回答或教师代答	0	0
	重复学生回答并解释	9	23.68%

3. 师生对话深度

师生对话深度的这组数据显示，一级深度问题占据整节课的52.6%，二级深度占34.2%，三级深度占13.2%，没有四级深度和五级深度的问题。

表1-1-4 试教课师生对话不同深度的频次与比例

对话深度	频次	比例
一级深度	20	52.6%
二级深度	13	34.2%
三级深度	5	13.2%
四级深度	0	0
五级深度	0	0

4. 师生课堂行为基本结构

S-T分析间隔10秒采一次样，学生行为（S行为）共97次，教师行为（T行为）共81次，教师行为占有率$Rt=Nt/N=81/178=45.5\%$。

相同行为连续次数$g=78$，计算得到行为转化率$Ch=(g-1)/N=43.3\%$。以横轴为Rt，纵轴为Ch绘制$Rt-Ch$图，这个点落在了对话型区域，因此这节课教学方式属于"对话型"教学模式。

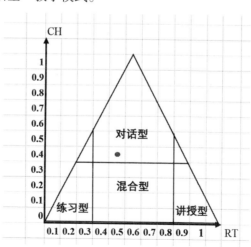

图1-1-1 L老师试教课教学Rt-Ch图

教学探索值得肯定的方面

从课堂观察数据来看，L老师作为新任教师，教学过程完整，尊重学生，没有出现打断学生或教师代答的情况。其中两次鼓励学生质疑，给予学生一定的思考空间。

问题诊断与改进建议

1. 问题结构

"是何类问题"所占比例过大，而"为何类问题""如何类问题"所占比对例过小。这反映出L老师在调动学生思维方面做得还不够好。学生只需要回答是或者否，或者从文中简单提取信息作为答案。要适当增加对应策略性知识的"如何类问题"。

2. 理答方式

学生回答问题的方式"齐答或自由答"比例较高，而"讨论后汇报"仅占13.16%，这与问题类型相关，应通过调整问题结构，增加问题难度，从而增加"讨论后汇报"的比率。

教师"无回应"与"重复学生回答并解释"所占比例较高。教师要通过提高自身的元认知，降低"无回应"现象。课堂上有的学生回答得好，有的学生回答得不好。要调动学生积极性，通过生生互动来回应与评价，从师生评价走向生生评价，避免一直"重复学生回答并解释"。同时，"未举手回答"比例要提高，要关注和了解学生的学情。

3. 师生对话深度

师生对话深度基本都聚焦在一级深度和二级深度，缺乏三级以上深度的问题。这一组数据与之前的问题类型中"是何类问题较多"不谋而合。要梳理问题与问题之间的逻辑关系，减少细小问题，增加主问题。

例如：

老师：同学们跟老师一起来看"探"这个字，"探"是这只小鸟的一个动作，你们做做这个动作。小鸟慢慢地探出头来，体会一下，这个字给了你什么感受。

学生们：小鸟很好奇。

老师：你说。

学生甲：这个字给我的感觉就是，小鸟没有看见过外面，有点害怕，又有好奇，想出去看看。

老师：于是它慢慢地探出头。还有吗？你说。

学生乙："探"的意思，我觉得就是充满好奇心的。

老师：有好奇心的小鸟，它慢慢地探出头。谁想来做这只有好奇心的小鸟，读读这句话？

在以上这段师生对话中，老师原本预设通过引导学生抓住"探"这一重点词语感受小鸟的幸福、快乐，进而从"小鸟慢慢地探出头来"这句话中感受到小鸟对外面世界既好奇、又害怕，充满期待又小心翼翼的样子。但从这段师生对话中可以看出，此处学生仅说出了小鸟好奇这一心理，教师并没有及时进行追问，以至于理解没有达到预期。

4. 师生课堂行为基本结构

整堂课是属于对话型，师生行为转换率偏高，即碎问碎答较多。教师行为占师生总行为的45.5%，教师行为与学生行为基本各占一半课堂时间。要想体现学生的主体性，还需要进一步降低教师行为比例。

小 结

由于教师设计问题的精准度不够高，导致全课中的38个教师提问的问题质量不高，大部分问题都是针对事实性知识进行提问，缺乏具有一定思维含量的或者能够引导学生深入学习的问题。师生互动基本以一问一答的形式完成，缺乏教师的有效引导和学生的深入思考，虽然互动频繁，但效率却不高。

（二）对照课研究

2018年10月进行了第二次对照课，此次由教龄24年的Y老师执教。Y老师执教相同的篇目，确立了3个教学目标：在有感情地朗读中想象画面，在分角色的表演中体会小鸟的快乐；对比朗读体会小鸟的快乐与不幸，借助同理心来理解真正的爱和懂得爱护自然的道理；在读懂故事的基础上续写文章，感受真爱的含义。

为了达成教学目标，整堂课包括6个教学环节：借助学习单，复习生词，由"鸟"的字理引入本课；通过朗读，整体感知"这是一只怎样的小鸟"；细读文本，边读边想象，体会小鸟的快乐，并通过发现动词，了解写法；对比朗读，通过前后对比体会小鸟的可怜，体会什么才是真正的爱；续写故事，从老鸟的角度、孩子的角度、自然的角度来续写；介绍作者，拓展阅读相关资料和古诗。

课堂观察结果

根据课堂实录的梳理结果，Y老师整节课共提出了56个问题，详见下表。

表 1-1-5　Y老师对照课的问题简述

问题序号	问题简述
1	同学们，这是一棵高高的大树，在这棵树上站着一只小鸟，喜欢吗？
2	从文中找出一个合适的词语填在横线上，你填的是什么词？
3	我们的猜字谜有猜对的吗？这是什么字？你怎么猜着的？
4	看这个！这是小鸟的什么呀？翅膀，像它的羽毛。再看这，是什么？叫小爪子，是吧？再来看看看，这是什么？这个横代表什么呀？
5	你们是怎么猜到的呀？最后那个男生，你怎么猜到的？
6	对呀，小鸟的巢，就像我们小朋友的家一样，又温暖又舒适，那在这个巢里住的小鸟是一只怎样的小鸟呢？
7	那么在读的时候，你有没有一边读一边想，这是怎样的一只小鸟呢？
8	你看她多会说呀，用到了"既、又"，你觉得这是一只怎样的小鸟？
9	因为它受伤了，你觉得它特别可怜，它还是一只怎样的小鸟？

问题序号	问题简述
10	你看，这你也关注到了，那我们通过文章有这么多的感受，就发现了，原来文章先写了一只快乐的小鸟，后来因为发生了一些事，它变成了一只可怜的小鸟，是这样的吗？那你们快来看看，写它的快乐是哪几个自然段？
11	谁愿意先给我们读一读第一段？快乐地读出来？
12	非常快乐，你在哪感受到它的快乐了，能说说吗？
13	你从这儿感受到了是吧？那你怎么感受到的，你抓住了哪些词语？你来给他补充。
14	我发现好几个同学都关注到了，那现在问题来了，我们也听不懂这叽叽喳喳的声音，它们到底在说什么呢，这么快乐？我们能不能联系着生活想一想，在家里你的爸爸妈妈会跟你说什么，你又会跟他们说什么呢？想一想，你说，老鸟和小鸟会说什么？
15	他说得对不对？孩子呀，你什么时候才能长大，独立远飞呢？
16	这是爸爸妈妈最高的期望，对不对？还有可能说什么呀？
17	我们刚才说的具体的内容，只有说着话就快乐吗？你能不能概括出一个词语，你觉得有了什么就有了快乐？
18	爸爸妈妈陪伴我们长大，天天跟我们在一起，这样的感情叫一种什么情？
19	那我们就把这份感情融入我们的文章当中，读一读这个小鸟的快乐，好吗？
20	你能不能细细品味一下，从这段话中你感受到什么了？
21	是一只快乐的小鸟，对吧？其他同学，有不同的感受吗？
22	不读课文，就说你的感受，你感受到什么，你看找到的句子多棒呀，那你从中感受到了什么呀？
23	你已经感受到了它的歌特别好听了，那它是在干什么呢？
24	你看，他就把一句话变成了一幅画展现在了老师面前，谁能继续说说这一片的好景致，你们还看到什么了？
25	他一说白白的云朵，是吧？我们就感受到了这真是一幅色彩明丽的画卷。那么小鸟看到这样的美景会怎么样啊？
26	同样是这段话，你一定有不同的感受，让我们来细细地读，我们有同学又有新的感受了，谁来说说，你还有什么？
27	是一只充满好奇的小鸟，就是你们刚才读到的，忽然充满了新意，这是在告诉我们什么？
28	这感觉多好啊，让你一说我一下想起来了，就像那大作家在写作，半天写不下去，突然有了灵感，然后很快写出一厚书，是这样的吧？那你能把这个读一读吗？

问题序号	问题简述
29	它探出头来一望,你们同意? 它是因为害怕吗? 来,我们做做这个动作好吗?
30	新鲜的空气,看来同学们是最怕这雾霾天了,对不对? 还有小朋友,他赞美大自然,反过来,大自然也在含着笑倾听。课前你们就学到了"倾听"这个词,是怎么倾听的呀?
31	我感受到了,你们读出了小鸟的快乐,那你们有什么发现呀? 发现什么了吗?
32	读完了,你又有什么发现?
33	好,那老师再加上"抖、刷"这两个动词,还有什么发现? 这些动词我们读完了之后就发现?
34	我们都知道原因,那你们能不能找出描写小鸟特别可怜的句子,读出这种可怜,你能选其中一句读一下吗?
35	还有哪句话你感到它很可怜呢?
36	你看,一个弹子就让小鸟一下跌落下来,是不是可怜? 可怜呀。你们还找到哪个句子了?
37	你看,同学们找到了这么多处小鸟可怜的句子,对吧? 但是我们理解到什么程度才算是把它读好了呢? 老师特别想教给大家一个方法,比如刚才我们在读这句的时候,他读到"斜刺里","斜刺里"是什么意思?
38	这样一联系,一对比,你有什么新的感受吗?
39	但是现在它的血一滴一滴落下来,多悲惨呀,从这段中你还感受到了什么?
40	你都想谴责人类了,对不对? 一个小孩那么小,就用弹子去伤害一只小鸟,对不对? 还有补充吗?
41	说得多好啊,这让我想起了那句诗,劝君莫打枝头鸟,放在这里是吾在朝中望子归,是不是母亲望子归啊? 小鸟还回得来吗?
42	这样比较着读,你有什么不同的感受?
43	你已经感受到了他们对小鸟的伤害,现在他们已经有点后悔了是吗? 你还感受到什么了?
44	爱这种感情让人们快乐,让小鸟快乐,可是小孩那么喜欢这小鸟,怎么给它带来了不幸呢? 难道小孩爱它不对吗?
45	他们那种爱是怎么样的? 捉住它,然后据为己有,让小鸟给自己唱歌,这是一种什么情感呀? 据为己有,只想着自己开心了,这是什么?
46	你们都知道,那自私自利的想法,他们只想着自己开心了对吧? 他们没想到谁呀? 小鸟喜欢什么样的生活?

问题序号	问题简述
47	它喜欢自由自在的生活，除了没想到小鸟，他们还没想到谁？
48	他们还没想到老鸟，老鸟会快乐吗？
49	那我们就明白了，他们并不是不爱小鸟，而是爱的方式不对。那什么是真正的爱呀？你们觉得什么是真正的爱？
50	它喜欢什么样的生活就给它什么样的生活，这就叫尊重对方，什么是真正的爱？
51	咱们能不能想象一下，故事接下来会发生什么，你们能续写一段吗？我们先来编一编，好吗？谁来说？
52	后来这一群小鸟可能都害怕这个小孩子了。他觉得故事是这样发展的，他是站在小鸟的角度续写，其他同学呢？
53	后来这个孩子知错就改了。有没有从老鸟的角度想呢？有吗？
54	如果小朋友们能听懂小鸟的话，如果当时你在场翻译给他们，那么小朋友是不是也会改变呀？其实刚才你说的这些，有一个人会特别高兴，你们知道他是谁吗？
55	冰心说呀，我们都是自然的婴儿，卧在宇宙的摇篮里。那么同学们，咱们赶快翻一翻这一单元，还有哪篇课文是关于自然的？
56	这两首谁能给我们读一读，谁来读？

1. 教师提问类型

两位老师所提"是何类"问题都占据了整节课提问的半数以上，L老师的课中更是高达约66%。Y老师在"为何类""如何类"问题比例均高于L老师。

表1-1-6　Y老师与L老师提问类型的比例

问题类型	Y老师频次	Y老师比例	L老师比例
是何类问题	29	51.8%	65.8%
为何类问题	9	16.3%	10.5%
如何类问题	9	16.3%	7.9%
若何类问题	7	12.6%	13.2%
常规管理性问题	0	0	0
无意识问题	2	3%	2.6%
合计	56	100%	100%

2. 师生对话方式

通过L老师和Y老师的数据对比可以看出，L老师整节课都没有否定回应，而在Y老师的课堂中，出现了2次订正孩子不准确的回答，并进行了有效的指导。

表1-1-7　Y老师与L老师师生对话不同方式的比例对比

观察维度		Y 老师频次	Y 老师比例	L 老师比例
教师挑选回答问题的方式	提问前先点名	23	31.5%	0
	让学生齐答或自由答	30	40.1%	35.4%
	叫举手者答	20	28.4%	60.4%
	叫未举手者答	0	0	0
	鼓励学生提出问题	0	0	4.2%
学生回答的方式	集体齐答	20	19.8%	13.16%
	讨论后汇报	0	0	5.26%
	个别回答	72	71.3%	76.32%
	自由答	9	8.9%	5.26%
	无人回答	0	0	0
教师的回应方式	肯定回应	20	62.5%	52.64%
	否定回应	2	6.3%	0
	无回应	0	0	23.68%
	打断回答或教师代答	1	3.1%	0
	重复学生回答并解释	9	28.1%	23.68%

3. 师生对话深度

通过两位老师师生对话深度的分析，可以看出L老师在课中一到二级深度的问题贯穿了全课，缺乏三级以上深度的问题。而Y老师的课四级和五级深度的问题共占全课的15%左右。

表1-1-8　Y老师与L老师师生对话深度的比例对比

对话深度	频次	Y 老师（%）	L 老师（%）
一级深度	30	53.6%	52.6%
二级深度	10	17.9%	34.2%
三级深度	8	14.2%	13.2%
四级深度	6	10.7%	0
五级深度	2	3.6%	0

Y老师在引导学生体会小鸟的快乐时，旨在通过"有一只小鸟，它的巢搭在最高的枝子上，它的毛羽还未曾丰满，不能远飞；每日只在巢里啁啾着，和两只老鸟说着话儿，它们都觉得非常的快乐。"这一句话让学生感受到小鸟快乐是因为有老鸟的陪伴和与老鸟之间的亲情。但是仅仅通过课文中这段简短的文字，三年级的学生很难达到这样的理解深度。所以Y老师在课上通过让学生整体感知"从哪感受到了小鸟的快乐"，引导学生理解和老鸟说话会让小鸟感到快乐，学生最开始没有说出来，老师又创设情境"老鸟和小鸟在说什么"，充分让学生在脑海里构建画面，再联系生活，引导学生体会这种温馨、快乐。最终让学生总结快乐的原因，学生在此基础上感受到这种快乐源于父母的陪伴、家庭的温暖。

4. 师生课堂行为基本结构

经统计分析，Y老师执教的《一只小鸟》课堂中，学生行为（S）共85次，教师行为（T）共166次，计算得到教师行为占有率$Rt=Nt/N=166/251=66.14\%$；相同行为连续次数$g=93$，计算得到行为转化率$Ch=(g-1)/N=36.65\%$。以横轴为Rt，纵轴为Ch绘制$Rt-Ch$图，这个点落在了混合型区域，因此这节课教学方式属于"混合型"教学模式。

比较结论与改进建议

1. 问题结构

24年教龄的Y老师与2年教龄的L老师相比，更注重"为何类"问题与"如何类”问题，这一点非常值得肯定，对于L老师来说，这一点需要改进。

2. 理答方式

在理答方式上，Y老师显得更为随意，例如提问前总是先点名。L老师作为年轻老师，理答方式更民主、更为规范。Y老师富有教学经验，敢于纠正学生的错误答案，而在L老师的课堂上，纵然有学生回答得不全面，整堂课也都没有否定的回应，这不利于学生发散思维。

3. 师生对话深度

师生对话深度也是有经验的Y老师与新手L老师差异显著的地方，课堂上，相比于L老师，有经验的Y老师在课堂上有更多的深度对话。

4. 师生课堂行为基本结构

有经验的Y老师的教师行为占师生行为总和的66.14%，更倾向于以教师行为为主导。新手教师L的师生行为转换率更高，碎问碎答的特征更明显，而有经验教师的课堂上师生行为转换率略低，学生有更完整的思维活动。

小　结

新手老师问题结构与对话深度上亟待加强，同时要避免碎问碎答，降低师生行为转换率。

（三）改进课研究

2018年10月底，我们又一次进行了改进课。本次改进课还是由教龄不到两年的新任教师L讲授。L老师调整后的教学目标有3个：通过抓住重点词语“啁啾、探、跌、一滴一滴”，联系上下文和生活实际，感受小鸟的快乐与可怜；体会鸟与自然的和谐，懂得鸟类是人类的朋友，人与自然之间应该相互尊重，对小动物要给予保护，同时感受亲情的伟大；引导学生进行合理的想象，试着续写一段话。为了达成以上教学目标，设计了以下教学环节：情境导入，回顾知识；研读文本，揭示主旨；品词析句，感悟亲情；前后对比，揭示主旨。

课堂观察结果

根据课堂实录梳理结果，L老师整节课共提出了41个问题，详见下表。

表1-1-9 L老师试教课的问题简述

问题序号	问题简述
1	老师发现其中有一个词语很有意思，谁来说说你的解释？（啁啾）
2	接下来就走进课文去看看，咱们来分自然段开火车读一读课文，读的同学请你们一边读一边思考，其他同学请你们一边听一边思考，这是一只怎样的小鸟呢？
3	孩子们，你们看，在你们的眼中它原来是一只快乐的小鸟，可是经历了一些事后，它成了一只可怜的小鸟。那么课文哪几个自然段写的是一只快乐的小鸟？
4	默读第一、二自然段。找一找让你感觉小鸟特别幸福、快乐的句子和词语，我们画句子的时候，用虚线画出，找词语的时候，用三角把它标出。
5	刚才这位同学找了这一句话，老鸟和小鸟非常的快乐，什么原因呢？
6	那么现在想象你就是这只小鸟，你会和爸爸妈妈说些什么呢？
7	同学们，你们觉得此时此刻小鸟为什么快乐呢？
8	我刚才听到有人提到了一个词，和父母聊天，和同学们玩耍会使人感到快乐和温暖，尤其是谁的陪伴？
9	爸爸、妈妈，家人的陪伴，就是亲人之间的感情，这就是什么情？
10	细心的孩子们，你们还找到哪些句子和词语，来看出小鸟很快乐呢？
11	有同学找到了第二自然段的这句话："它探出头来一望，看见了灿烂的阳光，葱绿的树木，大地上一片好景致。"你能谈谈你的感受吗？
12	小鸟探出头来，大自然的美景使它感受到什么呀？
13	孩子们，如果你是这只小鸟，想象一下，你还会看到什么美好的景致呢？
14	孩子们，看到了如此的美景，小鸟做了一个什么样的动作？
15	（学生回答）瞧她找到了这么准确地一个字。你们做做"探"这个动作。从这个字中，从这个动作中，你感受到了小鸟什么样的心情？
16	（学生回答）孩子们，老师这里还有几个和"探"是一类型的词，看看你有什么新发现？
17	读完以后有什么发现吗？
18	这些动词顺序能变吗？
19	孩子们，你们看大自然的美景让小鸟感到心情愉悦。小鸟呢？也为大自然增添了动听的歌声。那它们之间的快乐是单向的吗？

问题序号	问题简述
20	孩子们，我们共同感受了小鸟的快乐。但是因为小孩子们想要抓住它，使它成了一只可怜的，悲惨的小鸟。你读读课文第五、六自然段，看一看哪些句子词语让你感受到这是一只可怜的小鸟？
21	高同学找到了弹子射到小鸟的句子。那你有抓住什么关键地词语吗？
22	你觉得作者为什么此处用这个"跌"，不用"掉"了下来？
23	小孩子用弹子一打它，它怎样了？
24	学生：没站稳自己掉下来了。老师：高一凡说了，它站得稳吗？
25	孩子们你们再找找，还有哪个地方让你感受到这是一只可怜悲惨的小鸟？
26	这位学生找的是"它的血从树隙里一滴一滴落到地上来"。你为什么选这句话，抓住了哪个重点词语？
27	此时此刻，你就站在树下，你看小鸟的血从树隙里一滴一滴落到地上。你从这一滴一滴之中，感受到了什么？（学生交流发言）
28	是呀，多么可怜的小鸟，孩子们，此时此刻老鸟是怎么做的？谁给大家读读这句话。
29	我们一块儿来看这些词。"飞、接、衔"，孩子们，老鸟在小鸟跌下来的一瞬间，迅速做出了这三个动作，说明了什么？
30	此时此刻，它们的心情是非常焦急的，这句话中还有哪些让你感受到了老鸟的焦急？
31	有同学说是"斜刺"。来，你给大家解释解释为什么呢？
32	孩子们，你们还记得这只小鸟曾经是多么的快乐吗？它们一家人的温馨还留存在我们的脑海之中，你们回过来再默读一下这两个自然段。
33	对比两个自然段，这样一对比，你有什么新的感受吗？
34	这位同学是从小鸟的角度说的，那从老鸟的角度呢？
35	你们觉得书中的小孩子们此时此刻心情怎么样呀？
36	是呀，结果如何呢？孩子们，你们看，这些后悔、自责、伤心的孩子，从前可是天天听小鸟唱歌，天天仰望着它的。那你觉得它爱不爱小鸟？
37	爱小鸟，为什么还要捉住它呢？
38	孩子们，刚才这几位同学的发言都提到了，小孩子们的爱是想怎么样就怎么样，他们只考虑到了谁呀？
39	小孩子们想把它抓回来饲养，目的是想让谁高兴？
40	他们没想到谁？
41	好，最后老师给大家总结一下。

1. 教师提问类型

L老师此次改进课与第一次试教课相比，调整了问题结构，减少了"是何类"问题，由原来的65.8%减少到48.8%，增加了"为何类"和"如何类"问题，尤其是"如何类"问题比例由原来的7.9%增加为19.5%。

表1-1-10　L老师改进课与试教课问题类型的占比对比

问题类型	改进课频次	改进课比例	试教课比例
是何类问题	20	48.8%	65.8%
为何类问题	10	24.4%	10.5%
如何类问题	8	19.5%	7.9%
若何类问题	3	7.3%	13.2%
常规管理性问题	0	0	0
无意识问题	0	0	2.6%
合计	41	100%	100%

2. 师生对话方式

通过L老师试讲课和改进课的数据对比可以看出，L老师减少了让学生齐答的次数，增加了叫举手学生来回答问题的次数。出现了一次否定回应，订正孩子不准确的回答，并进行了有效的指导。

表1-1-11　L老师改进课与试教课对话方式的占比对比

观察维度		改进课频次	改进课比例	试教课比例
教师挑选回答问题的方式	提问前先点名	1	1.1%	0
	让学生齐答或自由答	19	20.9%	35.4%
	叫举手者答	71	78%	60.4%
	叫未举手者答	0	0	0
	鼓励学生提出问题	0	0	4.2%

续表

观察维度		改进课频次	改进课比例	试教课比例
学生回答的方式	集体齐答	20	21.1%	13.16%
	讨论后汇报	0	0	5.26%
	个别回答	71	74.7%	76.32%
	自由答	4	4.2%	5.26%
	无人回答	0	0	0
教师的回应方式	肯定回应	18	85.7%	52.64%
	否定回应	1	4.8%	0
	无回应	0	0	23.68%
	打断回答或教师代答	0	0	0
	重复学生回答并解释	2	9.5%	23.68%

3. 师生对话深度

通过L老师试讲课和改进课的的数据对比可以看出，在改进课中，师生对话深度产生了较为明显的改变，一、二级深度对话大大减少，尤其是一级深度对话，由试教课的52.6%减少到了2.44%，在改进课中出现了四、五级对话深度，并且五级对话深度的比例达到了48.78%。

表1-1-12　L老师改进课与试教课对话深度的占比对比

对话深度	频次	改进课比例	试教课比例
一级深度	1	2.44%	52.6%
二级深度	2	4.88%	34.2%
三级深度	9	21.95%	13.2%
四级深度	9	21.95%	0
五级深度	20	48.78%	0

4. 师生课堂行为基本结构

改进课《一只小鸟》的统计分析显示，学生行为（S）共144次，教师行为（T）共128次，计算得到教师行为占有率$Rt=Nt/N=128/272=47.06\%$；相同行为连续次数g=105，计算得到行为转化率Ch=（g–1）/N=38.24%。以横轴为Rt，纵轴为Ch绘制Rt–Ch图，这个点落在了混合型区域，因此这节课教学方式属于"混合型"教学模式。

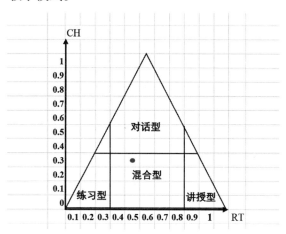

图 1-1-2　L老师改进课教学Rt-Ch图

比较结论与改进建议

1. 问题结构

L老师此次改进课与之前第一次试教课相比，调整了问题结构，减少了"是何类"问题，但还是倾向于"是何类"和"为何类"问题，共占整节课的76.2%。

2. 理答方式

在理答方式上，L老师增加了课堂上交举手的同学回答，减少了同学齐答方式的次数。在借鉴了Y老师课堂教学模式的基础上，当学生出现错误答案时，也可以及时纠正学生的错误，并能进行有效的指导，较之前的第一次试讲有了很大的改变。

3. 师生对话深度

通过L老师试教课和改进课的的数据对比可以看出，在改进课中，师生对话深度产生了较为明显的改变，一、二级深度对话次数大大减少，增加了四、五级深度对话的次数。这也与上面的问题结构中减少了"是何类"和"为何类"问题，增加了"如何类"和"若何类"问题不谋而合。

4. 师生课堂行为基本结构

此次改进课中L老师能够关注到学生，与学生展开有一定深度的师生对话，适度放手让学生有了一定的思维空间、思维的完整性。教师行为占师生行为总和的47.06%，属于混合型教学模式。但是从师生转换频率上可以看出，师生行为转换率还是偏高，有一些碎问碎答的现象。

小　结

此次改进课比之前的试教课有了很多改变，从问题结构到师生对话的深度都有，但新手老师问题结构与对话深度上亟待加强，同时要避免碎问碎答，降低师生行为转换率。

三、结论与启示

这次以《一只小鸟》这一课为例，在一次次的数据对比中也给我们带来了许多的思考和启发。为什么新任教师L老师在进行教学设计和课堂实施的过程中，问题设计的结构总是趋向于"是何类"和"为何类"问题，而缺少"如何类"和"若何类"的问题呢？围绕这些问题我们得到以下思考：

（一）新任教师缺乏对叙事文解读的功底，解读文本有"概念化"倾向

经过几次试讲，我们发现L老师在引导学生理解《一只小鸟》一文的主题时，无论学生做出什么样的解读，老师总是会不由自主地引导学生理解"我们要爱护小鸟，保护环境"，在课上，即使有学生在课堂中或多或少地表达出"小朋友们是想占有小鸟才这样做"的观点时，也会被老师引入到"爱鸟、保护环境"这一主题中来。其实几次课下来，我们发现，这个主题往往不需要

老师课上花费如此多的时间去引导，学生在初读课文后能够轻易感受到这一点了。而老师还是带着学生在"兜圈子"，兜来兜去其实是在原地踏步。这样的语文课就缺乏了多元化的解读和深度的理解。其实出现这样的情况，主要还是因为教师本身对于这类叙事文本的解读不到位，而且总是愿意围绕着大主题，以贴标签的形式将文本主题进行概念化的定义，再用这样的概念化理解来引导和培养学生，导致我们的学生对于文章的理解，尤其是叙事性文本的理解总是围绕着"爱"来下定义，将语文课学成了数学课，将原本多元化的理解变成了背公式、套公式。要想解决这一问题，就必须从教师自身转变观点，加强语文基本功，能够更深层次地分析叙事类文本的内涵，才能更好地引导学生理解。

（二）确定的教学内容与教学目标，缺乏教师自身的内化和理解

教师自身对文本理解的深度以及思维的深度，决定了教师在进行教学设计时的问题结构难度和课堂上师生对话的深度。在本次课例研究过程中，我们发现新任教师在教学设计方面更加依赖教参和一些课外参考资料。老师在进行教学设计时不是先自己独立阅读文章，品味语言，而是急于打开教参和查找一些资料，将其中的内容照搬到自己的教学设计中，其实教师并没有内化成自己的理解，这也就造成了教师在第一次试教课时面对学生的回答，只能是肯定答复或者是重复学生的回答，没有任何针对性的指导。教师如果能够阅读文本后准确地分析出学生的思维路径，找准学生思维的关键点，将学生理解的关键点设定为本节课的教学重、难点，引导学生将这样的思维路径转化为对文本解读的结论，在这样的转化过程中，就会在课堂上出现师生间、生生间思维的碰撞。而这一次次的碰撞不就是学生思维的提升吗？

（三）新任教师缺乏教学策略来支撑课堂

在此次的研究过程中，我们发现，虽然每次大家都在一起精心修改了教学设计，尽可能地做到设计精细，甚至课堂上老师的每一个问题、每一句话

都提前做出了设计。但是每次的教学设计和真实的课堂实施总是有一定的差距。尤其是对第二次试教课与对照课中"教师的回应方式"这一项进行数据比对的时候，就更加凸显出新任教师在理答方式上与经验丰富的老教师的差距，这一数据差距其实也反映出新任教师还缺乏丰富的教学经验，对于课堂中出现的学生问题或者是思维亮点没有抓住。而当学生在理解上出现偏差的时候，教师还缺乏有效和多样的教学策略引导学生去理解。这就需要教师在今后的教学中多积累、多思考了。

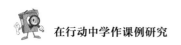

第二节 小学语文二年级《曹冲称象》课例研究

——叙事文教学中提升师生课堂互动质量的教学实践研究

研究团队：韩静 张妍 李慧欣 刘冬梅

执笔人：韩建业

一、研究背景

本研究选取了人民教育出版社出版的义务教育教科书《语文》小学二年级上册的叙事文《曹冲称象》作为教学篇目。该文讲述的是一个民间广为流传的历史故事。课文通过对曹冲称象的具体方法和步骤的介绍，以及与官员们方法的对比，表现了曹冲爱动脑筋、善于观察、富于联想的品质。故事情节曲折生动，引人入胜，语言通俗易懂。教学时，要避免分析，而应该结合小学生的心理特点，启发思考，鼓励学生创新，训练学生的思维和表达能力。

低年级的小学生喜欢听故事，爱动手，好奇心强。教学中，教师在充分引导学生掌握字词，熟读课文的基础上，进行充分的讨论交流，动手实践，拓展学生思维的空间。

二、研究过程

（一）试教课研究

本次课例研究由我校有多年教龄的教师L任教，L老师常年任教低年级语文课，教学经验丰富。L老师为本节课确立了3个教学目标：流利有感情地朗读课文；通过阅读，理解课文内容，能说出曹冲称象的办法好不好，自己还能想出哪些办法来称象；教育学生平时多观察事务，遇事开动脑筋想办法。

为了达成教学目标，设计了以下教学环节：复习生字词，重点解决"称"和"秤"在写法以及字义上的区别；听老师读课文，回顾课文内容。知道故事发生的时间和地点；找到并梳理曹冲称象的办法，与官员们的办法做对比；说说曹冲是个怎样的孩子，感受人物品质。

课堂观察结果

1. 教师提问类型

整节课L共提出了26个问题，其中"是何类"问题占据了绝大部分，达到了61.5%，而迁移性的"若何类"问题没有涉及。

表 1-2-1　L老师提问类型的频次与比例

问题类型	频次	比例
是何类问题	16	61.5%
为何类问题	7	26.9%
如何类问题	3	11.6%
若何类问题	0	0
常规管理性问题	0	0
无意识问题	0	0
合计	26	100%

以下为梳理出来的问题详表：

表 1-2-2 L老师试教课的问题简述

问题序号	问题简述
1	谁能用"称"这个字组词？
2	比一比"称"和"秤"，有什么区别和共同点？怎么记住？
3	"得"还念什么？"杆"谁知道念什么？
4	故事发生在什么时候？故事里有些什么人物？
5	你们的答案从哪找到的？
6	曹冲称的是怎样的一头大象？
7	描写大象的句子在第几自然段？
8	你看到的大象是什么样子的？
9	一堵墙你们有概念吗？一堵墙是什么样子？
10	这是一个什么句子？
11	大象的腿像什么？你能比画一下大象的腿有多粗吗？
12	两个比喻句要告诉我们什么啊？
13	谁能说说通过同学的读让你感受到什么？
14	弯弯的月亮像什么？
15	官员们有什么好办法来称大象？
16	这个方法可以吗？你有什么想法？
17	合作学习：说说曹冲是怎样称象的，分几步完成？
18	曹冲才7岁，"才"说明什么？
19	第一步先干什么？画出动作的词语
20	石头为什么要装到划线的位置？
21	颠倒顺序可以吗？
22	听到别人的方法，曹操的想法是什么？
23	现在科技很发达，你认为可以怎么称大象？
24	我们要向曹冲学习什么？
25	课文中还有什么不懂的地方？
26	"称"和"秤"两个字在结构上有什么相同点，怎样写好看？

2. 师生对话方式

从表格中的数据可以看出，L教师在整节课中，让学生齐答或自由答占45.9%，叫举手者答占52.46%，叫未举手者回答占1.64%。与教师挑选回答问题的方式相呼应，学生集体齐答占21.31%，个别回答占55.74%，自由答占22.95%。教师肯定回应占75.81%，否定回答占4.84%，重复学生回答并解释占19.35%。

表1-2-3 试教课师生对话不同方式的频次与比例

观察维度		频次	比例
教师挑选回答问题的方式	提问前先点名	0	0
	让学生齐答或自由答	28	45.9%
	叫举手者答	32	52.46%
	叫未举手者答	1	1.64%
	鼓励学生提出问题	0	0
学生回答的方式	集体齐答	13	21.31%
	讨论后汇报	0	0
	个别回答	34	55.74%
	自由答	14	22.95%
	无人回答	0	0
教师的回应方式	肯定回应	47	75.81%
	否定回应	3	4.84%
	无回应	0	0
	打断回答或教师代答	0	0
	重复学生回答并解释	12	19.35%

3. 师生对话深度

师生对话深度数据显示，一级深度问题占据整节课的63%，二级深度占29.6%，三级深度占7.4%，没有四级深度和五级深度的问题。

表 1-2-4　试教课师生对话不同深度的频次与比例

对话深度	频次	比例
一级深度	17	63%
二级深度	8	29.6%
三级深度	2	7.4%
四级深度	0	0
五级深度	0	0

4. 师生课堂行为基本结构

S-T分析间隔10秒采样，学生行为（S行为）共83次，教师行为（T行为）共149次，教师行为占有率Rt=Nt/N=149/232=64.22%。

相同行为连续次数g=85，计算得到行为转化率Ch=（g-1）/N=36.21%。以横轴为Rt，纵轴为Ch绘制Rt-Ch图，这个点落在了混合型区域，因此这节课教学方式属于"混合型"教学模式。

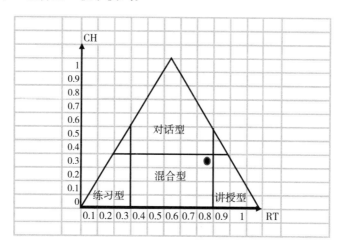

图 1-2-1　L老师试教课教学Rt-Ch图

教学探索值得肯定的方面

从课堂观察数据来看，L老师的教学过程完整，能够做到尊重学生，没有出现打断学生或教师代答的情况。其中有两次对学生回答的否定回应，给予学生正确的回应和思考的余地。

问题诊断与改进建议

1. 问题结构

"是何类"问题所占比例过大，而"为何类"和"如何类"问题所占比对例过小。这反映出L老师在调动学生思维活跃方面做得不够好。学生只需要回答是或者否，或者从文中简单提取信息作为答案。要适当增加对应策略性知识的"如何类"问题。

2. 理答方式

学生回答问题的方式中，"个别回答"所占比例最高，而没有让学生"讨论后汇报"，这与问题类型相关，应通过调整问题结构，增加问题难度，从而增加"讨论后汇报"的比率。

教师"重复学生回答并解释"所占比例较高。教师要相信学生的回答，或引导学生继续将自己的语言说具体，来减少教师对学生回答的解释。要调动生生互动来回应与评价，从师生评价走向生生评价，避免一直"重复学生回答并解释"。"未举手回答"比例要提高，争取做到全面关注和了解学生的学情。

3. 师生对话深度

师生对话深度基本都聚焦在一级深度和二级深度，缺乏三级以上深度的问题。这一组数据也与之前的问题类型中"是何类"问题较多相吻合。要梳理问题与问题之间的逻辑关系，减少细小问题，增加主问题。比如：

老师：好！那书上用一段话描写了曹冲称象的过程，我们来看看第一步和第二步是不是可以颠倒顺序，可以吗？大家看看，可以颠倒顺序吗？

学生：不可以。

老师：曹冲称象是有顺序的，第一步做什么，你看看哪个是第一步？哪个第二步？

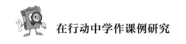

学生：接着把大象赶上岸。

老师：第三步是？

学生：给船上装石头。

老师：第四步呢？

学生：称石头的重量多重。

在以上这段师生对话中，老师原本预设通过引导学生梳理称象步骤的同时，为后文与官员们称象方法进行对比做铺垫。但从这段师生对话中可以看出，此处学生仅谈出了曹冲称象的步骤，教师并没有及时进行追问如果顺序颠倒了会怎么样，以至于理解没有达到预期。

4. 师生课堂行为基本结构

整堂课属于混合型的教学模式，师生行为转换率偏高，即碎问碎答较多。教师行为占师生总行为的64.22%，教师行为比学生行为占用的课堂时间还多。要体现学生的主体性，还需要进一步降低教师行为比例。

小　结

由于教师设计问题的针对性不够，导致全课中呈现出的26个教师提问问题的质量不高，大部分问题都是针对事实性知识进行提问，缺乏具有一定思维含量的或者能够引导学生深入学习的问题。师生互动基本以一问一答的形式完成，缺乏教师的有效引导和学生的深入思考。

（二）改进课研究

在研究和探讨了第一次课例的基础上，L老师对本节课进行了改进，依然为本节课确立了3个教学目标：流利、有感情地朗读课文；通过阅读，理解课文内容，能说出曹冲称象的办法好不好，自己还能想出哪些办法来称象；教育学生平时多观察事务，遇事开动脑筋想办法。

为了达成教学目标，设计了以下教学环节：写好生字"称"和"秤"，区分写法与字义；齐读课文，了解故事的大致内容，知道主要人物和时间；品读重点词，通过"一堵墙"感受大象的大，通过"直摇头"对比曹冲和官员们的方法，体现曹冲的聪明机智；了解曹冲称象的步骤；体会曹冲善于观察、聪明机智的人物特点，并说出还有哪些称象的办法。

表 1-2-5　L老师改进课提问类型的频次与比例

问题类型	频次	比例
是何类问题	21	77.8%
为何类问题	3	11.1%
如何类问题	1	3.7%
若何类问题	0	0
常规管理性问题	0	0
无意识问题	2	7.4%
合计	27	100%

课堂观察结果

1. 教师提问类型

以下为梳理出来的问题详表：

表 1-2-6　L老师改进课的问题简述

问题序号	问题简述
1	"称"和哪个字比较像？
2	"称"和"秤"怎么写才好看？
3	你们同意吗？
4	填空：第几个？
5	对不对？
6	课文一共有几个自然段？
7	课文讲了一件什么事？
8	谁能填空？

问题序号	问题简述
9	课文第几自然段介绍了这只大象的样子?
10	具体怎么描述的?
11	谁再来读一读?
12	看了图片后,谁来说说你的感觉?
13	腿呢?
14	柱子一般有什么特点?
15	大象腿有多粗?
16	谁知道大象的样子了?
17	你们从朗读中听出了什么?
18	怎么就有语气了?
19	小组合作:用波浪线画出描写官员们称象方法的句子;用横线画出曹冲称象方法的句子;一起来读一读
20	官员们的方法曹操满意吗?
21	曹冲的方法是什么?
22	同意吗?
23	填的都是表示什么的词?
24	为什么也把石头装到划线的地方?
25	曹冲是一个怎样的孩子?
26	你还有什么好的方法来称大象吗?
27	这些词语你都掌握了吗?

L老师提出了27个问题,而在各类问题的比例分析中我们可以看出,两次教学"是何类"问题都占据了整节课的大部分,而此类问题在L老师第二次的课中更是占到了77.8%的比例。

2. 师生对话方式

表1-2-7　改进课师生对话不同方式的频次与比例

观察维度		频次	比例
教师挑选回答问题的方式	提问前先点名	20	74.32%
	让学生齐答或自由答	4	14.96%
	叫举手者答	20	74.32%
	叫未举手者答	0	0
	鼓励学生提出问题	0	0
学生回答的方式	集体齐答	4	14.8%
	讨论后汇报	0	0
	个别回答	20	74.1%
	自由答	3	11.1%
	无人回答	0	0
教师的回应方式	肯定回应	27	75%
	否定回应	0	0
	无回应	0	0
	打断回答或教师代答	0	0
	重复学生回答并解释	9	25%

　　通过以上L老师两次课的数据对比可以看出，在L老师的学生回答问题的方式中，点名答占了74.32%，而齐答占了14.96%，也可以看出教师提出的问题基本是以"是何类"问题为主，学生只需要回答是或者否，或者是从短文中能轻易提取出的答案。而与此同时，教师的回应方式全部为肯定回应，整节课都没有否定回应。

3. 师生对话深度

表 1-2-8　改进课师生对话不同深度的频次与比例

对话深度	频次	比例
一级深度	10	37%
二级深度	8	29.6%
三级深度	3	11.1%
四级深度	4	14.8%
五级深度	2	7.5%

通过师生对话深度的分析，可以看出，L老师课中一到三级深度的对话方式贯穿了全课，大部分的师生对话都聚焦在一、二级深度中，缺乏三级以上深度的对话方式。与之前数据比对中L老师的"如何类"和"若何类"问题多于试教课的现象也相互吻合。

4. 师生课堂行为基本结构

L老师执教的《曹冲称象》一课，经统计分析，学生行为（S）共85次，教师行为（T）共166次，计算得到教师行为占有率Rt=Nt/N=166/251=66.14%；相同行为连续次数g=93，计算得到行为转化率Ch=（g-1）/N=36.65%。以横轴为Rt，纵轴为Ch绘制Rt-Ch图，这个点落在了混合型区域，因此这节课教学方式属于"混合型"教学模式。

三、结论与启示

（一）课堂提问的问题过于浅显，深度不够

本节课虽然修改了试讲中的一些问题，但是由于所教年级学生年龄小，所以，课堂提问没有敢于涉及深度问题，这样未免有点过于保护，可以适当加深问题深度。课堂中对基础知识的复习占用时间较多，比如，整堂课，老

师带领学生开火车读词语，范读课文，齐读课文，谈论"称"与"秤"的区别，以及在课堂的最后范写两个生字，这些都是基础知识的内容，占了整课的三十多分钟；而对于"曹冲是如何称象的、他是个怎样的孩子"这类理解性问题，只用了十分钟的时间，虽然基础知识是低年级教学的重点，但还应在阅读和理解上让学生进行更深入的思考。

（二）细碎问题太多，应学会提出"大问题"

低年级的同学年龄小，课堂教学中也容易出现"满堂问"现象。试教课的数据分析显示可以看出，没有三级以上深度的师生对话。但是在改进课中，我们有意识地减少了低层次问题，增加了高层次问题设计，也尝试锻炼学生整体思考问题，全面、一步到位地回答问题的习惯。但是这节改进课上，老师的问题依然比较细碎，比如："故事发生的时间？""故事发生的地点？""大臣们如何称象""曹操是什么反应？""曹冲称象的步骤是？""他是个怎样的孩子？"我们可以直接提出一个大问题"曹操称象的方法与大臣们称象的方法有什么不同？"如果学生想回答这个问题，就会将上述的问题自然地回答出来，减少过于细碎的问题。

（三）学会建立情感共鸣，提高学生的感受力

L老师长期在低年级教学，两节课都可以看出该老师的教学基本功很扎实。本次教学与之前相比，可以看出L老师很是注重课堂的生成，具体表现在课堂目标明确，每个问题的设计语言更加精准。在这一次的师生互动中，教师能通过一个个小问题引导学生进行思考，比如，引导学生找出关键词句，体会曹冲的机智，提高学生的感受力。通过语言情境的关联，建立起情感的共鸣，进而取得了较好的教学效果。

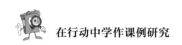

第三节 小学语文四年级《普罗米修斯》课例研究

——阅读教学中感悟人物形象的教学实践研究

研究团队：孙燕 高亚胜 郝继英 栾早霞

执笔人：李雪薇

一、研究背景

在阅读教学中，很重要的部分就是引导学生进行情感体验，对文章塑造的人物形象进行解读，体验作者想要表达的情感。《义务教育语文课程标准（2011年版）》在第二学段目标与内容中提出"能复述叙事性作品的大意，初步感受作品中生动的形象和优美的语言，关心作品中人物的命运和喜怒哀乐，与他人交流自己的阅读感受"。因此，把握好文章中的人物形象无疑对理解本文至关重要。

《普罗米修斯》这篇课文主要讲述了普罗米修斯为了帮助人类能够过上温暖、幸福的生活，不惜承受宇宙之父宙斯的残忍惩罚，也要将火种送给了人类的故事。这个故事展现的是一个具有勇敢、坚强、博爱精神的英雄，表达了人们对英雄行为的赞颂、钦佩、感激之情。这篇课文以"无火—盗火—受罚—获救"为主要线索，引导学生感受希腊神话之美，重构英雄内心世界，打动学生心灵，激发阅读兴趣。让英雄的大胸怀、大气魄、大境界陶冶学生心灵，陪伴学生一生。本研究过程是由本校四年级语文教师G老师在同一年级的不同班级开展两次《普罗米修斯》的对比教学，旨在对感知人物形象的阅读教学进行分析，发现教学中的亮点和需要改进的地方，并通过研讨与探究来提出建议并加以改进，提升教学质量，构建高效课堂，最后总结梳理成文。

二、研究过程

（一）试教课研究

针对文本《普罗米修斯》的内容和执教班级的实际情况，G老师制定了以下教学目标：在读准、读通课文的基础上，引导学生尝试运用抓住神话人物之间主要关系等方法来概括神话的主要内容，为复述故事打下基础；抓住主要人物普罗米修斯言行和环境描写的语句，通过反复品读、融情想象、回环朗读等方式，让学生感受普罗米修斯勇敢无私、坚强不屈的英雄形象，激发学生阅读古希腊神话的兴趣。

为了达成教学目标，设计了以下教学环节：吟诵诗歌《普罗米修斯赞歌》，唤起学生的阅读期待；整体感知，理清人物关系，概括文章大意；通过抓住普罗米修斯的言行，感受他的英雄形象；拓展升华，再次朗读雪莱的《普罗米修斯赞歌》。

图 1-3-1　板书上的文章人物关系图

课堂观察结果

1. 教师提问类型

表 1-3-1 G老师试教课提问类型的频次与比例

问题类型	频次	比例
是何类问题	21	87.5%
为何类问题	0	0
如何类问题	2	8.3%
若何类问题	1	4.2%

我们对问题的类型进行了统计分析，数据分析显示，G老师在整节课中共提出了24个有效问题。在各类问题的比例分析中我们可以看出，"是何类"问题占比87.5%，"如何类"问题占比8.3%，"若何类"问题占比4.2%。

以下为梳理出来的问题详表：

表 1-3-2 G老师试教课的问题简述

问题序号	问题简述
1	读了这首小诗你有什么想说的？
2	第一遍读课文，想一想这个故事讲了什么？
3	（读词语时）红色字体都是什么？最后一组是什么？
4	现在请你快速浏览一遍课文，想一想这些主要人物之间发生了什么，他们之间是什么样的关系呢？
5	我们可以把这个过程概括成什么？你能不能把普罗米修斯取火的原因讲清楚？在"惩罚"这个词前面我们可以加一个什么形容词？
6	第三组来说一下，火神和他之间什么关系？作者用了"不情愿的"这个词，说明他不敢违抗谁？那么火神对普罗米修斯是什么样的态度？
7	最后一组来回答一下，大力神与他之间是什么关系？除了"救了"，还可以说出其他的动词吗？还有呢？用"搭救"行吗？
8	那么多人物之间的关系我们搞清楚了，现在谁能够照着板书的提示把这些个人物关系连起来说一说？

续表

问题序号	问题简述
9	在这么短时间内能够把这么多的人物关系搞清楚，很棒啊，那么刚才所说的属于什么？（主要内容）
10	谁来谈谈你对文章当中的普罗米修斯的印象是怎样的？能够说说自己的理解吗？
11	普罗米修斯是人还是神？他需要火吗？没有火他也可以过自由自在的生活对吗？那他给人类送去火种是为了什么？
12	这段话一共几句话？
13	第一句话谁来读？你能谈谈你对这句话的理解吗？
14	第二句话谁来谈谈自己的理解。坚决不会怎么样？看来火对于人类来讲？
15	我们看一看没有火的时候人类是一副多么悲惨的情境，观察一下上面的这句话，你从哪些语句当中感受到了悲惨？
16	那谁能够读一读你对于这种悲惨生活的理解？他读得很流利，要想读出这种悲惨的感觉，首先咱们要读得快还是慢？重点词语要怎么样读？
17	没有火的人类生活如此凄惨，那有了火呢？你又看到了什么样的情境？还有吗？从此光明充满人间，还有呢？
18	那么，火种把人类从悲惨带向哪里？从此人类从黑暗走向哪里？从痛苦走向哪里？谁再来读？
19	接下来请同学们默读六、七、八三小段，找一找你从哪些语句当中体会到了普罗米修斯坚强不屈的精神品质的，快速地默读，读到令你印象深刻语句可以用笔画下来。
20	从哪些语句当中体会到这是最严厉的惩罚？他连最基本睡觉权利都没有，还有呢？他所承受的痛苦不分白昼与黑夜。对吗？还有吗？
21	刚才，通过反复朗读这个自然段，我们感受到了普罗米修斯坚强的品质，那么在接下来七、八两小节中，哪些语句让你感受到他的不屈，谁来说一下？
22	同学们看一看，从哪些语句上能体会到他的不屈？谈一谈自己的理解，请注意，是叼食吗？你怎么理解的？肝脏是人身体最脆弱的器官，它比皮肤所承受的伤害要疼痛千百倍，还有呢？这个疼痛结束了吗？
23	请同学们看第四自然段，火神赫淮斯托斯和普罗米修斯又有怎样的对话呢？可是结果却是一直被锁在哪？可怕的悬崖上。说明他屈服没有？
24	下面让我们在音乐中默读，酝酿一下自己的感情，想一想你想以怎样的一种心情来朗读这段诗，谁来说一说？你还想以怎样的心情朗读？

2. 师生对话方式

表 1-3-3　G老师师生对话不同方式的频次与比例

观察维度		频次	比例
教师挑选回答问题的方式	提问前先点名	0	0
	让学生齐答或自由答	24	32.4%
	叫举手者答	47	63.5%
	叫未举手者答	2	2.7%
	鼓励学生提出问题	1	1.4%
学生回答的方式	集体齐答	24	33.8%
	讨论后汇报	0	0
	个别回答	47	66.2%
	自由答	0	0
	无人回答	0	0
教师的回应方式	肯定回应	43	100%
	否定回应	0	0
	无回应	0	0
	打断回答或教师代答	0	0
	重复学生回答并解释	0	0

　　通过以上的数据可以看出，教师在整节课中，能够尊重学生的意愿，叫举手者回答问题占本节课的63.5%，让学生齐答或自由答占本节课32.4%，大部分学生回答了问题；同时，教师还关注了未举手的学生，鼓励未举手的学生参与到课堂。在导入新课时教师展示了一首小诗，并鼓励学生提出问题，占本节课的1.4%。

3. 师生对话深度

表 1-3-4　G老师师生对话不同深度的频次与比例

对话深度	频次	比例
一级深度	11	45.8%
二级深度	6	25%
三级深度	5	20.8%
四级深度	2	8.4%
五级深度	0	0

通过对师生对话深度的统计分析，得出以下结论：一级深度11次，二级深度6次，三级深度5次，四级深度2次，五级深度0次。

4. 师生课堂行为基本结构

	1	2	3	4	5	6	7	8	9	10	11	12	13	14	15	16	17	18	19	20	21	22	23	24	25	26	27	28	29	30
5	T	S	S	S	T	S	T	S	T	S	T	T	T	S	S	S	S	S	S	S	S	S	S	T	S	S	T	S	T	S	T
10	S	T	T	T	S	S	S	T	S	S	T	S	S	T	T	T	S	S	T	T	S	T	S	T	S	T	T	S	S	S	S
15	S	T	T	T	S	T	S	S	S	S	S	S	T	S	S	S	T	T	S	S	T	T	S	S	T	S	S	S	T	T
20	S	S	S	S	T	S	S	S	T	T	S	T	T	S	S	S	S	S	T	S	S	S	S	S	S	S	S	S	S	S
25	T	S	S	T	S	S	S	S	T	S	S	T	S	S	S	S	S	S	S	S	T	T	S	S	T	S	T	S	T	S
30	S	T	S	S	S	S	T	S	T	S	T	S	S	S	S	S	S	S	T	S	S	S	S	S	S	S	S	S	S	S
35	T	S	S	S	S	S	S	T	S	T	S	S	S	S	S	S	S	S	T	S	S	S	S	S	S	T	T	T	S	S
40	S	T	S	S	S	S	T	S	S	T	S	S	T	T	T	T	S	S	S	T	T	S	S	S	S	S	T	T	T	T

图 1-3-2　试教课行为基本结构S-T数据

依据上述S-T数据，我们以原点为教学的起点，横轴为教师行为时间累积，纵轴为学生行为时间累积（以10秒为一刻度，每一格为5刻度），将采集的S、T数据按顺序在横轴和纵轴上表示，这样就得到了完整的S-T图。

经统计分析，学生行为（S）共144次，教师行为（T）共96次。计算得到：教师行为占有率$Rt=Nt/N=96/240=40\%$，相同行为连续次数$g=113$，计算得到行为转化率$Ch=（g-1）/N=46.6\%$，以横轴为Rt，纵轴为Ch绘制$Rt-Ch$图，这个点落在了混合型区域，因此这节课教学方式属于"混合型"教学模式。

教学探索值得肯定的地方

本节课，G老师与学生的三级和四级深度的对话主要内容是"谈谈你对文章当中的普罗米修斯留下怎样的印象？""默读六、七、八三小段，找一找你从哪些语句当中体会到了普罗米修斯坚强不屈的精神品质？"等问题的讨论上，此类问题是需要学生重点理解的问题，可以看出，整堂课具有一定的深度，例如以下片段：

G老师：刚才，通过反复朗读这个自然段，我们感受到了普罗米修斯坚强的品质，那么接下来七、八两小节哪些语句又让你感受到他的不屈，谁来回答一下？

同学甲：狠心的宙斯又派了一只凶恶鹫鹰每天站在普罗米修斯的双膝上，用它尖利的嘴巴啄食他的肝脏，白天，他的肝脏被吃光了，可是一到晚上肝脏又重新长了起来，这样，普罗米修斯所承受的痛苦，永远没有尽头了。

G老师：同学们，看一看从哪些上面又体会到他的不屈。谈一谈自己的理解，没有固定的答案。

同学乙：每天站在普罗米修斯的双膝上，用它坚硬的嘴巴叼食他的肝脏。

G老师：请注意，是叼食吗？

同学乙：啄食。

G老师：你怎么理解的？

同学乙：我认为啄食是啄他的肝脏。

G老师：肝脏是人身体最脆弱的器官，它比皮肤所承受的伤害要疼痛上千百倍，还有呢？

同学丙：白天他的肝脏被吃光了，可是一到晚上肝脏又重新长了起来，这样普罗米修斯的所受的痛苦永远没有尽头。

G老师：你是怎么理解的？

同学丙：肝脏被吃光，晚上又长出来，然后肝脏被吃光的时候特别疼。

G老师：特别疼，可是结束了吗？

同学丙：没有。

G老师：第二天还怎么样？这样的痛苦无边无尽。你还从哪些语句当中体会出痛苦。

本环节教师旨在让学生感受到普罗米修斯坚强不屈的品质。学生针对"宙斯让鹫鹰啄食普罗米修斯的肝脏"谈了自己的理解。G老师与学生围绕"啄食方式""肝脏的脆弱""痛苦永无止境"这三点展开对话，充分让学生感受普罗米修斯的坚强与不屈。

从课堂观察数据来看，G老师能够针对学生的回答具体分析，进行肯定回答或追问。通过深度对话，让学生感受到普罗米修斯的坚强与不屈。整堂课师生活动比例相当，师生活动交互程度较低。

问题诊断与改进建议

1. 问题结构

"是何类"问题占了整节课的大部分，我们认为本堂课中教师还是过多地关注了学生基础层面的认知，对于知识的迁移运用有所忽视。因此本节课的调整方向应力争多提出更多更具备思维含量的深度问题。

2. 理答方式

教师挑选回答问题的方式"叫举手者答"比例较多，但"叫未举手者答"仅占2.7%，对未举手学生的课堂表现关注较少。部分学生不举手回答问题的原因常常有以下几种情况：对于提出的问题不会回答；不自信，害怕回答错；语言组织能力差等。应根据问题的不同类型对不同水平的学生展开提问。

通过分析学生回答问题的方式，能够看出大部分学生回答了问题，但没有"讨论后汇报"的回答问题方式，对于应讨论、辨析、发表自己看法和主张的问题，教师可以组织学生展开讨论，从而增加"讨论后汇报"的比率。

3. 师生对话深度

本节课一级深度和二级深度的对话较多，没有五级深度的对话，为进一步提升教学质量，可尝试减少一级对话，提出高层次认知问题，与学生展开更具深度的对话。

4. 师生课堂行为基本结构

本节课（试教课）属于"混合型"教学模式，师生行为比例相当，但结合"问题结构"和"师生对话深度"来看，学生在有效的时间内，还需加强思考问题的深度与广度。

小　结

教学活动是教学过程的重要环节，从本次的数据分析来看，教师对开展教学活动的价值与意义有一定的认识，但是部分活动内容较为浅显，课堂上关注全体学生的比例不高，没有合作性的教学活动，对活动的形式关注较少。可见，教师在组织及开展教学活动时，缺乏深刻性。

（二）改进课研究

2019年12月3日，经本课例研修团队成员的共同研讨与交流，执教人G老师修改教学设计，进行了第二次试教。

针对文本《普罗米修斯》和执教班级实际情况，G老师制定了以下教学目标：引导学生有感情朗读，通过抓住重点词语默读、朗读、品读，进行自主解疑，感知英雄行为；引导学生（联系课文的内容展开合理的想象）走进人物的内心，感悟英雄形象，激发学生对普罗米修斯这个人类伟大的朋友、伟大的英雄的赞美和钦佩之情；在读准、读通课文的基础上，引导学生尝试抓住神话人物之间主要关系等方法概括神话的主要内容，为复述故事打下基础。

为了达成教学目标，设计了以下教学环节：

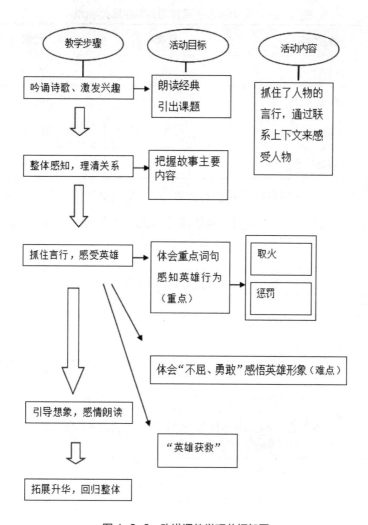

图 1-3-3　改进课教学环节框架图

课堂观察结果

1. 教师提问类型

本次整理出了本节课的所有提问共27个，并列出了问题详表。本节课教师的提问相比于第一次教学，多了3个问题，均为追问。

表 1-3-5　G老师改进课提问类型的频次与比例

问题类型	频次	比例
是何类问题	18	66.7%
为何类问题	2	7.4%
如何类问题	5	18.5%
若何类问题	2	7.4%

在各类问题的比例分析中我们可以看出，"是何类"问题占比66.7%，"为何类"问题占比7.4%，"如何类"问题占比18.5%，"若何类"问题占比7.4%。

以下为梳理出来的问题详表：

表 1-3-6　G老师改进课的问题简述

问题序号	问题简述
1	读完这首小诗你有什么想说的吗？
2	想想这个故事讲了什么？
3	这些字都是什么字？（多音字）这些呢？（成语）最后一组来回答一下吧。
4	默读课文，想想这些人物之间发生了什么事，他们之间又有怎样的关系呢？
5	第一组来说一下，普罗米修斯和阿波罗是谁？普罗米修斯为了人类的什么？我们把这个过程概括为什么？
6	第二组，宙斯和普罗米修斯之间发生了什么呢？
7	第三组，火神和普罗米修斯之间又是什么样的关系？可是普罗米修斯又不得不怎么样？不敢怎么样？
8	最后一组，大力神和普罗米修斯之间发生了什么？拯救了？还有吗？（三个词）用哪个？
9	现在咱们把这么多的人物关系捋清楚了，谁能够按照老师板书上的提示把人物关系连起来说一说？最好能够适当加入自己的语言。
10	刚才所说的就是什么？
11	你对文章当中的普罗米修斯留下了什么样的印象呢？可以说说原因吗？
12	他是一位天神，如果没有火，他也可以在天上怎么样？因此你觉得他怎么样？

问题序号	问题简述
13	你觉得他很勇敢，谈一下自己理解可以吗？
14	因此你认为他是勇敢的，还有吗？你来说说你怎么想到的奉献精神？
15	看一看这段共有几句话？
16	来看第一句话，能说说你是怎么理解这句话？
17	第二句话呢，这句话什么意思？
18	我们一起来看看没有火的时候人类悲惨的情景，观察一下红色图，你从哪里感受到人类生活的悲惨呢？你是怎么理解的？
19	也就是说无边的黑暗经常给我们一种什么样的感受？人类这个时候是不是没有安全感？
20	那我们来看看有了火之后呢？你又看到了一幅怎样的情景呢？还有吗？还看到什么样的情景？
21	自从有了火人类从悲惨走向了哪里？从黑暗走向了？从痛苦走向了？那么火对人类重要吗？
22	那么接下来请同学们默读课文六、七、八自然段，从哪些语句当中又感受到了普罗米修斯坚强不屈的品质呢？吃饭、睡觉是人类最基本的什么？而且风吹雨淋的痛苦怎么样？不分昼夜。还有吗？同学们还有愿意谈自己理解的吗？
23	从这段话中，我们可以感受到普罗米修斯坚强不屈的品质，那么接下来七、八两个自然段呢？你又从哪些重点句当中感受到他的不屈呢？有没有人理解这段话？这个惩罚不是一两天，而是什么？
24	老师给大家一点提示，请大家跟老师看一下课文第四自然段，看一下火神和普罗米修斯之间的对话，火神赫菲斯托斯跟他说什么？可是许多年以来，普罗米修斯还怎么样？
25	还从哪些语句当中感受到普罗米修斯受到最为残酷的惩罚呢？也就是说他所承受的痛苦怎么样？（永远没有尽头）
26	现在老师想请同学们来说一说，现在又想以怎样的心情来读这首诗呢？为什么？（普罗米修斯赞歌）
27	后羿射日，二年级传统文化书当中也有，这些都是什么？

2. 师生对话方式

表1-3-7 G老师改进课师生对话不同方式的频次和比例

观察维度		频次	比例
教师挑选回答问题的方式	提问前先点名	0	0
	让学生齐答或自由答	32	33.7%
	叫举手者答	61	64.2%
	叫未举手者答	0	0
	鼓励学生提出问题	2	2.1%
学生回答的方式	集体齐答	12	12.9%
	讨论后汇报	0	0
	个别回答	61	65.6%
	自由答	20	21.5%
	无人回答	0	0
教师的回应方式	肯定回应	55	90.2%
	否定回应	1	1.6%
	无回应	0	0
	打断回答或教师代答	0	0
	重复学生回答并解释	5	8.2%

通过两次数据的对比可以看出，教师在两次课中，都能够尊重学生的意愿，叫举手者回答问题的占比最大，让学生齐答或自由答均占比30%左右，大部分学生回答了问题。

关于学生回答的方式，学生回答问题非常踊跃，个别回答频次占比最高，改进课比试教课多14次，集体齐答或自由答的频次总数改进课比试教课多8次。结合本项记录表和后面分析的S-T图，可以看出，改进课学生参与度高于试教课，更多学生针对老师提出的问题进行作答。

改进课中,教师的回应90.2%为肯定回应,有1次否定回应,订正了学生不准确的回答,并进行了有效的指导。这也给我们带来了更多地启发,教师在能够尊重学生的个性化理解的同时,也应该有精准指导。

通过对比分析,同样能得出大部分学生回答了问题和课堂学生参与程度高的结论。教师能够针对学生的回答具体分析,进行肯定回答或追问。两次课均没有无回应、打断回答、教师代答。

3. 师生对话深度

通过对改进课课堂师生对话深度的统计分析,得出以下结论:一级深度对话11次,二级深度6次,三级深度4次,四级深度2次,五级深度1次。

表 1-3-8　G老师改进课师生对话不同深度的频次与比例

对话深度	频次	比例
一级深度	11	45.8%
二级深度	6	25%
三级深度	4	16.7%
四级深度	2	8.3%
五级深度	1	4.2%

4. 师生课堂行为基本结构

依据上述S-T数据,我们以原点为教学的起点,横轴为教师行为时间累积,纵轴为学生行为时间累积(以10秒为一刻度,每一格为5刻度),将采集的S、T数据按顺序在横轴和纵轴上表示,这样就得到了完整的S-T图。

本次数据采集S-T分析间隔10秒采样,经统计分析,学生行为(S)共153次,教师行为(T)共75次。计算得到:教师行为占有率$Rt=Nt/N=75/228=32.9\%$,相同行为连续次数$g=81$,计算得到行为转化率$Ch=(g-1)/N=35.7\%$,以横轴为Rt,纵轴为Ch绘制$Rt-Ch$图,这个点落在了混合型区域,因此这节课教学方式属于"混合型"教学模式。

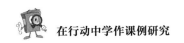

比较结论与改进建议

1. 问题结构

通过对比两次课堂的问题类型，我们可以看出，虽然两节课的问题类型中的"是何类"问题都占了整节课的大部分，但我们能够看出，改进课在"为何类""如何类"和"若何类"问题的占比均高于裸课（试教课）的比例，"是何类"问题占比减少。课堂的提问从"关注学生基础层面的认知"向"既关注学生基础层面认知，又提出了更具备思维含量的深度问题"转变。在教学《普罗米修斯》这一课时，可以再减少"是何类"问题，适当增加对应策略性知识的"如何类"问题。

2. 理答方式

在整合分析两次课堂后，我们发现在学生回答教师提出的问题时，齐答、自由答和个别回答的占比加起来为100%，缺少讨论后汇报的回答方式。展开小组或同桌之间的讨论能让学生尽可能地各抒己见，将自己的观点与其他学生的观点进行碰撞，从而相互启发。教师可以在提问"如何类"问题、"若何类"问题时，尝试让学生开展讨论，进行汇报。

3. 师生对话深度

在第二次课上，老师通过"谈谈你对文章当中的普罗米修斯留下怎样的印象？""默读六、七、八三小段，找一找你从哪些语句当中体会到了普罗米修斯坚强不屈的精神品质？"两次对话（分别为四级深度、五级深度），使学生走进了英雄人物的内心，感悟英雄形象，激发了学生对普罗米修斯的赞美与钦佩之情。

4. 师生课堂行为基本结构

通过分析改进课的S-T图、Rt-Ch图，我们发现改进课堂的"教师行为占有率"和"行为转化率"均低于试教课，且师生转换率低，结合前面"学生回答方式"的分析可以看出，改进课中教师给了学生更多的思考与表达空间，且结合"师生对话深度"和"行为转化率"可以看出，教师的提问与引导没有占用课堂上的过多时间，充分发挥了其作用。

小 结

结合教师挑选回答问题的方式、学生回答的方式、S–T图和Rt–Ch图能够看出，整节课（改进课）是以学生为主体，让学生充分参与到了课堂，成为知识的主动探索者。结合问题类型记录表、师生对话深度分析表能够看出，改进课相比于试教课学生的思考更有深度，对于人物形象的感知也有了更全面、深刻的认识。

三、结论与启示

（一）优势分析

通过课堂观察的整体分析能够看出，这两次课均能在熟悉课文内容的基础上把人物串起来，说清楚课文的主要内容。在实际教学中，学生潜移默化地学会概括课文主要内容，达到培养学生抽象思维能力和概括能力的目的；为了让学生可以自主感悟，教师让学生找出普罗米修斯遭受痛苦的部分，结合课文内容谈谈自己的理解与体会；通过著名的诗人雪莱的普罗米修斯赞歌让学生进一步感悟人物精神。

（二）感悟人物形象教学的实践探索

1. 关注文章主要内容，初步感知人物形象

结合"教师提问详表"分析，G老师本节课通过前10个问题，引导学生试着概括课文的主要内容。学生在梳理、概括的过程中，了解了普罗米修斯"盗"火的起因、经过、结果，知道了他与众神之间的关系，对普罗米修斯有了初步的印象，因此G老师顺势提问，"你对文章当中的普罗米修斯留下了什么样的印象呢？可以说说原因吗？"我们能够看出，本节课中，通过把握文

章的主要内容，让学生先对文章有了整体感知。同时通过阅读与思考神话故事中神奇、跌宕的情节，让学生感受神话中人物的行为特征和语言。接下来的教学重点也是以此为铺垫的。教材的课后练习中，也对"把握文章的主要内容"作出了要求，为学生思考下一个问题"故事中哪个人物或情节最触动你？"做铺垫。

2. 关注神态和语言，朗读感悟人物形象

改进课中，两个最具有深度的问题均围绕着课文第五自然段展开。第五自然段一共有两句话，描写了普罗米修斯的动作、神态和语言。原文为：

普罗米修斯摇摇头，坚定地回答："为人类造福有什么错？我可以忍受各种痛苦，但决不会承认错误，更不会归还火种！"

"决不会……更不会……"说明普罗米修斯敢于坚持正义，他认为对的事，就义无反顾地去做，不畏强权、勇于牺牲，从他的语言中可以看出他是个真正的英雄，要求学生朗读时要读出坚定的语气。改进课中，G老师在让学生初步谈谈对普罗米修斯的印象时和感受普罗米修斯坚强不屈的品质后，都朗读了课文第五自然段，为下面两个教学片段：

片段一：

其实文章当中一段话集中反映了这个品质，我们来一起看一看吧！好，按照自己的节奏请同学们自己自由地读一下这段话。

读完了是吗？那让我们看一看这个自然段有几句话？

学生甲：两句。普罗米修斯摇摇头，坚定地回答，为人类造福有什么错？

G老师：这是第一句话。能说说你是怎么理解这句话的吗？

学生甲：我理解的是，普罗米修斯觉得为人类造福一点也没有错。

G老师：根本没有错。好，请坐。第二句。

学生乙：我可以忍受各种痛苦，但绝不会承认错误，更不会归还火种。

G老师：这句话什么意思？

学生乙：他认为就是自己没做错，根本没错，而且他也不会归还火种。

G老师：重点在于他坚决不会？

学生乙：归还火种。

G老师：好，请坐。同学们，古人说言为心声，通过人物的语言可以揣摩到他丰富的心理活动和情感，接下来就让我们一起来看一看，普罗米修斯为人类盗火的壮举，究竟有多大的程度上影响人类的生活。

片段二：

G老师：许多年以来，普罗米修斯一直被锁在那个可怕的悬崖上，这样一锁就是三万年。课文学到这里，现在你对于这一段话又有了哪些新的读法？谁来试试看？你来。

学生甲：普罗米修斯摇摇头，坚定地回答："为人类造福有什么错？我可以忍受各种痛苦，但决不会承认错误，更不会归还火种！"

G老师：好，请坐，读得非常流利，接下来再来读的同学，从"决不会、更不会"当中体现出你那种铿锵有力，愿意吗？

学生乙：愿意。普罗米修斯摇摇头，坚定地回答："为人类造福有什么错？我可以忍受各种痛苦，但决不会承认错误，更不会归还火种！"

G老师：好，其他同学呢？谁还能再来读？

学生丙：普罗米修斯摇摇头，坚定地回答："为人类造福有什么错？我可以忍受各种痛苦，但决不会承认错误，更不会归还火种！"

G老师：好！前面是风吹雨淋，是鹫鹰啄肝的锥心之痛，即便如此普罗米修斯依然这样坚定回答，为人类造福有什么错？

学生：我可以忍受各种痛苦，但决不会承认错误，更不会归还火种！"

这一自然段中普罗米修斯的语气坚定，G老师从语言入手，紧扣语言点，让人物形象丰满起来，引导学生认真推敲、朗读，这样既可以丰富学生语言的积累，又可以感悟人物形象的品质，让学生对人物形象感同身受。

3. 关注文章关键词句，想象评析人物形象

通过问题"接下来请同学们默读课文六、七、八自然段，你从哪些语句当中又感受到了普罗米修斯坚强不屈的品质呢？"G老师组织学生抓住关键词

句品词析句，通过描写普罗米修斯的一个个词语和一句句话，启发学生想象普罗米修斯与火神赫淮斯托斯之间的对话，想象他在高加索山上永无止境的痛苦，在师生共同的分析与朗读中，一起走进了人物的内心世界，感受他不畏强权、顽强不屈、甘于奉献的精神。

本部分约占整堂课的四分之一，通过师生扎实地分析，学生谈到了教师预设的所有精神品质，结合想象，走进普罗米修斯的内心世界，着重体会了下面总结的描写。

铁链锁身，既不能动弹也不能睡觉（人类最基本的需求）。

日夜遭受着风吹雨淋的痛苦（不分昼夜、无止境）。

啄食方式、肝脏的脆弱、痛苦永无止境。

借助本次课堂观察的方法与技术，我们整个研究小组在共同实践、研讨的过程中，清晰地看到了试教课中存在的优势与不足，结合分析出来的数据，找准方向、摸透问题，进行改进，取得了不错的成效，在阅读教学中更好地感悟了鲜明的人物形象，不断地向着构建高效、科学的阅读教学课堂前进。

第四节　小学语文六年级《诱拐》课例研究

——小小说教学中提升师生课堂互动质量的教学实践研究

研究团队：张继红 柴海英 高琳 赵丽梅 李雪薇

执笔人：韩静

一、研究背景

近几年来，小学语文教学在不断进行创新，旨在提高学生的综合学习能力，陶冶学生情操，而不单单是以提高学生成绩为主。语文属于语言性学科，情感色彩丰富，在学习时，需要学生将情感带入进去，才可取得想要的效果。小学语文教学中阅读教学的目标为：让学生掌握基本的阅读技巧，重视学生阅读素养的养成，让学生自己对文章进行鉴赏，以提升内在修养。

《语文课程标准》通常对入选教材的文本进行分类，也就是按文体进行分类，即文章类型。区分文章的类型，主要是为了清晰地体现不同文章类型的阅读教学对语文阅读能力要求的不同，以便于语文教师能根据《语文课程标准》中的教学内容、教学总目标、阶段目标的要求，有针对性地进行教学。小说按篇幅容量可分为长篇、中篇、短篇和微型小说（小小说）。教材中的小说，主要包括由古典小说改编进入教材的文本，现代小说的原本或节选，以及一些外国小说翻译文本。北师大版教材的小说从三年级开始出现，集中在高段。三年级《炮手》、四年级《跳水》、五年级《"诺曼底号"遇难记》、六年级《穷人》。

小小说，也称微型小说、千字小说、一分钟小说等。过去它作为短篇小说的一个分支而存在，近二三十年间蓬勃发展，以其累累硕果，宣告了自己的独立，成为小说家族中最年轻、最有活力的一员。它作为文本的文体之一，承载着独有的语文教学任务，有其本身的内涵和言语表达密码，即言语表达特色，如语言的凝练、结构的独特性等。其篇幅短小、题材广泛、构思精巧等特点，越来越多地走进人们的视野，受到人们的关注。小说的学习旨在培养学生阅读古今中外各类小说的兴趣，从优秀的小说作品中汲取思想、感情和艺术的营养，学习鉴赏小说的基本方法，初步把握小小说的篇幅短小和构思精巧的特点，提升学生阅读小小说的审美情趣。在对本年级学生开展的课外阅读调查中，97.46%的学生读过小说，87.81%的学生喜欢读小说，可见小说在学生的课外阅读中所占比例很大。引导学生从小小说的特点出发，根据人物情节进行推测，从结尾处体会的方法来学习，在阅读、写作、思维等多方面获得发展，激发学生广泛阅读的兴趣，提升学生的鉴赏水平和审美情趣。

为了解决小小说教学中的师生课堂互动的质量问题，本次教学案例研究，我们首先确定了由六年级的语文Z老师进行授课，研究选取了被尊称为"日本微型小说之父"星新一的作品《诱拐》。这篇小说通篇以对话的形式展开叙述，讲述了绑匪绑架博士的孩子，勒索博士用其新发明的机器人来交换，博士巧妙诱使绑匪触动开关，引爆身亡的故事，刻画了沉稳睿智的博士形象。小说的故事架构在绑架勒索这一情节之中，在博士与绑匪的对话中层层揭开，处处都体现着作者的精巧构思：首先，作者在结局巧设反转；其次，作者多处巧设伏笔，故事是结局既在意料之外又在情理之中；最后，写法独特。本篇小说主要通过对话来展开情节，刻画人物，使读者"如闻其声，如见其人"，极其具有艺术感染力。

本课教学指向阅读目的——学习小小说的特点，体会小小说的精巧构思，学习如何构思好小小说的结尾。使学生在今后的自主阅读中注意作品的构思，潜移默化中培养学生的写作能力，真正发展学生的语文素养。

依照"合作设计教学实施方案—借助观察工具关注实施中的研究课—依据观察数据讨论研究课—重新设计研究课—教学观摩展示课"这一过程展开此次研究。

本课例研究小组将师生课堂互动质量分解为教师提问类型、师生对话方式、师生对话深度、师生课堂行为基本结构四个方面，采用记号体系法和编码体系法两种课堂观察方法进行研究。课堂观察是指研究者带着明确的目的，凭借自身的感官以及有关辅助工具（观察表、录音及录像设备等），直接或间接地从课堂情境中收集资料，并依据资料进行相应研究的一种教育科学研究方法。本次课例研究中的课堂观察方法主要采用记号体系法和编码体系法。记号体系也叫项目清单，指预先列出一些需要观察且有可能发生的行为，观察者在每一种要观察的事件或行为发生时做个记号，其作用就是核查所要观察的行为有无发生。编码体系分析方法通常是针对课堂教学录像中师生的公共对话进行信息编码，以实现外化隐性知识，产生能用于分析教学过程的一种课堂观察分析方法。语言是教师和学生教与学的关键工具之一。课堂中的对话一般可分为公共对话和私人对话两种。公共对话指教室内每个人都能听到的对话，而私人对话则仅是教师和个别学生的对话。S-T分析方法是一种典型的编码体系分析方法。其中S是student的首字母，T是teacher的首字母。S-T是由日本学者首先提出的，后被许多国家的研究者采纳。T行为主要有：教师的讲话行为（听觉的）、教师的板书行为（视觉的）、演示多媒体材料或实验步骤行为（视觉的）等。S行为包括T行为以外的所有行为：学生的发言、学生的思考、学生记笔记、学生完成作业、课堂的沉默与混乱等。S-T分析法是一种以直观的图形方式分析教学个性的教学分析方法，它将教学过程中各种复杂的行为S（学生）行为和T（教师）行为两个类别与其他分析方法相比，大大减少了行为分析记述中记录者主观经验的模糊性，提高了分析过程和记录结果的客观性和可靠性。Rt-Ch 图可以区分四种不同的教学模式：（1）以学生活动为主，且师生活动交换程度较低的练习型教学模式；（2）以教师活动为主，且师生活动交换程度较低的讲授型教学模式；（3）师生活动比例相当，且师生活动交互程度较高的对话型教学模式；（4）师生活动比例相当，但师生活动交互程度较低的混合型教学模式。

二、研究过程

（一）试教课研究

Z老师是拥有20年教龄的小学一级教师，本次试教课在六年级五班进行，Z老师为本节课确立了3个教学目标，感受《诱拐》的结尾"既出乎意料又在情理之中"的特点，体会小小说的精巧构思；在比较中，进一步感受小小说巧设结尾的特点，并尝试补写结尾，提升学生的表达能力；在阅读中感受小小说的魅力，激发学生的阅读兴趣。

为了达成教学目标，设计了以下教学环节：整体感知，了解课文内容；鉴赏评价，感受文本特点；赏析结尾，体会小小说构思精巧的特点。

课堂观察结果

1. 教师提问类型

整节课Z老师共提出了50个问题，其中"是何类"问题占据了绝大部分，达到了54%，而迁移性的"若何类"问题只占了8%。

表 1-4-1　Z老师试教课提问类型的频次与比例

问题类型	频次	比例
是何类问题	27	54%
为何类问题	11	22%
如何类问题	5	10%
若何类问题	4	8%
常规管理性问题	0	0
无意识问题	3	6%
合计	50	100%

以下为梳理出来的问题详表：

表1-4-2 Z老师试教课的问题简述

问题序号	问题简述
1	你读过的哪本小说最吸引你？还有吗？
2	这节课我们就走进小小说的世界，给大家带来一篇文章叫《诱拐》。看到题目你想知道了什么？
3	这篇文章写了一件什么事？
4	你们喜欢这个故事吗？这个故事哪里比较吸引你？
5	表面上看，诱拐的是谁？实际上呢？（题目）
6	博士用自己研制出来的机器人怎么样？那所以说，题目怎么样？情节开始的"等待已久"这个词让我们的心怎么样？开始悬着了。然后呢？谁来补充说？（情节）
7	能看出博士这个人怎么样？对人物有进行补充的吗？
8	刚才读了第一自然段，有学生说的过程当中说人非常吸引我们，我们能够看出他的机智和聪明，是通过什么来表现出他的机智和聪明的？谁来就语言来谈一谈？那么你看一看，这篇小短文全文都是以什么样的形式讲述的？（对话）
9	对话形式推动了情节发展，还有吗？其实我觉得这篇文章还有一个特别吸引人的地方，谁来说一说？（结尾）
10	你一开始想到这样一个结尾了吗？谁来讲一下？
11	为什么没有？我们顺着作者的思路读下去，真的是以为孩子……但是怎么样？
12	那么这个结尾是出乎意料的。那它是不是不合理呢？合理不合理？
13	其实这样的句子就是为后文埋下了伏笔，谁来说？博士其实已经做好了准备，是这个意思吧？还有吗？
14	引诱劫匪，我的孩子还不到一岁是吧？他怎么样？其实博士在干吗？一步一步去引诱劫匪是吗？最后他还想怎么样？再确认一下是吧？
15	为什么我们第一遍读的时候没有发现？第一遍读我们就以为博士怎么样？所以当开头等待已久的时候我们认为博士是怎么样？
16	全文一共才803个字，从题目到作者、从题目到结尾有这么多吸引我们的地方，那你佩服作者吗？佩服什么？还有吗？
17	快速浏览四篇文章，找一找结尾的相同之处。谁想好了？结尾有什么相同之处？
18	四篇文章的结尾都是最后所有的事情都能转危为安。为什么？解释一下？首先读完结尾，都是出乎意料，为什么？
19	那也就是说有伏笔的句子才使这四篇文章的结尾都让我们出乎意料是吗？

问题序号	问题简述
20	刚才他说跳水是因为前面有一个大的环境是什么？好，除了这样埋下伏笔的句子让我们体会到结尾是在情理之中，那还有没有？
21	刚开始读，其实刚开始读让我们就到结尾怎么样？比如说诱拐，我们不知道是什么？谁诱拐的，但是读到最后，我们才知道是谁诱拐的。诱拐劫匪。还有吗？这样的结尾让我们出乎意料。其他三篇是吗？（题目和结尾相关联）
22	还有吗？比如说一盒饼干，你开始以为是什么？最后读到结尾才怎么样？谁来说？那么开始认为谁是贼？最后怎么样？
23	所以四篇文章的结尾都是看似出乎意料，却又在情理之中。好，那么，我们想不想写一写这样的结尾呢？还有谁写好了？
24	刚才我看到很多同学都写到了他原来怎么样，没有戴上这个蝴蝶结对吧？你们为什么敢这样大胆设想？谁的意思跟这个结尾差不多？

2. 师生对话方式

表 1-4-3　Z 老师试教课师生对话不同方式的频次与比例

观察维度		频次	比例
教师挑选回答问题的方式	提问前先点名	0	0
	让学生齐答或自由答	19	31.2%
	叫举手者答	35	57.4%
	叫未举手者答	6	9.8%
	鼓励学生提出问题	1	1.6%
学生回答的方式	集体齐答	18	32.7%
	讨论后汇报	1	1.8%
	个别回答	35	63.7%
	自由答	1	1.8%
	无人回答	0	0
教师的回应方式	肯定回应	21	95.4%
	否定回应	0	0
	无回应	0	0
	打断回答或教师代答	0	0
	重复学生回答并解释	1	4.6%

Z老师在整节课中，让学生齐答或自由答占31.2%，叫举手者答占57.4%，鼓励学生提出问题占1.6%。与教师挑选回答问题的方式相呼应，学生集体齐答占32.7%，讨论后汇报占1.8%，个别回答占63.7%，自由答占1.8%。教师肯定回应占95.4%，重复学生回答并解释占4.6%。

3. 师生对话深度

表1-4-4 Z老师试教课师生对话不同深度的频次与比例

对话深度	频次	比例
一级深度	27	52.6%
二级深度	11	34.2%
三级深度	5	13.2%
四级深度	4	0
五级深度	2	0

师生对话深度这组数据显示，一级深度问题占据整节课的52.6%，二级深度占34.2%，三级深度占13.2%，没有四级深度和五级深度的问题。

4. 师生课堂行为基本结构

S-T分析间隔10秒采样，学生行为（S行为）共175次，教师行为（T行为）共78次，教师行为占有率$Rt=Nt/N=78/253=30.83\%$。相同行为连续次数g=69，计算得到行为转化率$Ch=（g-1）/N=26.88\%$。以横轴为Rt，纵轴为Ch绘制Rt-Ch图，这个点落在了混合型区域，因此这节课教学方式属于"混合型"教学模式。

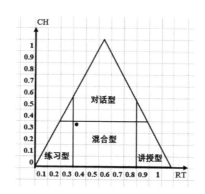

图 1-4-1　Z老师试教课教学Rt-Ch图

教学探索值得肯定的方面

从课堂观察数据来看，Z教师教学过程完整，尊重学生，没有出现打断学生或教师代答的情况。其中一次鼓励学生质疑，给予学生一定的思考空间。

问题诊断与改进建议

1. 问题结构

"是何类"和"为何类"问题占了整节课的大部分，达到了76%，"如何类"和"若何类"这样的迁移性问题占了18%。在这节课中教师还是过多地关注了学生基础层面的认知，大部分的问题还是引导学生从文章中提取信息，对于知识的迁移运用有所忽视。

2. 理答方式

通过以上的数据，可以明显看出，教师在整节课中，能够尊重学生的意愿，57.3%选择叫举手者回答问题。同时也关注到了未举手的学生，有6次叫到了未举手的同学。整节课均未有提问前先点名的情况。通过数据也可以看出，教师鼓励学生提出问题还不够，仅占本节课的1.6%。

3. 师生对话深度

依据课堂记录表中，对师生对话深度的分析，可以看出一级深度问题占据整节课的55.1%，二级深度占22.4%，三级深度占10.2%，四级深度和五级深度的问题占全课12.3%。根据数据，可以看出本节课师生对话深度基本都聚焦在一级深度和二级深度中，缺乏三级以上深度的问题。这一组数据也与之前的问题类型中"是何类"问题较多不谋而合。

比如：

老师：那么这个结尾是出乎意料的，那它是不是不合理呢？

学生：不是。

老师：好，现在在文中找一找它合理的依据，其实这样的句子就是为后文埋下了伏笔。

学生：第一自然段的对话就已经明确说出这个出人意料的结局，等待已久的电话响了，就是说博士已经在等待劫匪的电话。

老师：那博士其实已经做好了准备，是这个意思吧？还有没有？还有吗？

学生：看到第七自然段"你到底想干吗？我的孩子还不到一岁，他是我最……"这里，我看出了作者是想让我们以为博士真的很慌张，但再看一遍就知道这是博士在假装慌张引诱劫匪。

老师：说"我的孩子还不到一岁"来引诱劫匪是吧？可以看出博士怎么样？

学生：很焦急。

老师：还有吗？

学生：请大家跟我看第十八自然段，"只要你把研制成功的机器人交出来，我就放了你的孩子""如果落到你的手里后果不堪设想，我给你钱吧"，孩子和机器人对博士都很重要。

老师：其实博士在干吗？

学生：互不退让。

老师：实际上是在一步一步引诱劫匪是吗？还有吗？

学生：请看第二十三自然段，"我的孩子真的在你那儿吗"，博士在确认他的机器人是否真的在劫匪那里。

老师：再确认一下是吧，还有没有呢？最后他还想怎么样？

学生：请大家跟我看一下第十一自然段，他说到"你是卑都无耻的东西"，说明博士的心情非常焦急，也是麻痹劫匪一步一步进入他的陷阱。

老师：好。

学生：请大家跟我看第二十五自然段，我的孩子也是引诱劫匪……

老师：对，我们来看，这些句子其实是怎么样？每一个句都是博士引诱绑匪一步一步入局，正是因为有了这样的句子，才使结尾看似出乎意料、情理之中，为什么我们第一遍读的时候没有发现？第一遍读我们就以为博士怎么样？是谁？

学生：是孩子的父亲，一开始博士被劫匪威胁的人，被诱拐的人……

老师：我们以为博士就是一个受害者，一个失去孩子的父亲，所以当开头"等待已久"的时候我们认为博士是怎么样？焦急。

《诱拐》的结尾特点鲜明，学生初读就能感受到出人意料，但要体会结尾又是在情理之中就显得有些困难，所以让学生回读文章，在前文中找一找哪些语句提示或暗示了结尾的出现，使得结尾虽出乎意料又在情理之中。但只从一篇感受小小说结尾的特点，学生的认识是浅层次，无法得到提升，此时运用比较的策略，把学过的文章《跳水》《半截蜡烛》和《诱拐》的结尾进行比较，通过比较发现小小说结尾戛然而止，言有尽而意无穷，情节层层铺垫，把故事推向高潮后，结尾突转；作者在行文中巧设有暗示性的语言，使结尾的出现又皆在情理之中，进而深刻感悟小小说结尾的特点，感受作者的精巧构思。学生通过自主阅读和交流，提升学生对小小说的认识与感悟能力。

4. 师生课堂行为基本结构

从Rt-Ch图可以看出点落在混合型区域，如果点落在混合型的下方，说明虽然师生行为占有率较为适中，但是师生间的互动交流很少。Z老师这节课的点落在混合型的上方，说明这堂课中各种教学行为比例以及教学行为转换频率适中，相对较为平衡。

小 结

由于教师设计问题的精准度不高，导致全课中呈现出的27个教师提问问题的质量并不高，大部分问题都是针对事实性知识进行提问，缺乏具有一定思维含量的或者能够引导学生深入学习的问题。师生互动基本以一问一答的形式完成，缺乏教师的有效引导和学生的深入思维，虽然互动频繁，但效率不高。

（二）改进课研究

在研究和探讨了试教课课例的基础上，Z老师对本节课进行了改进，为本节课确立了两个教学目标：感受《诱拐》的结尾"既出乎意料又在情理之中"的特点。体会小小说的精巧构思；在比较中，进一步感受小小说巧设结尾的特点，并尝试补写结尾，提升学生的表达能力。

为了达成教学目标，设计了以下教学环节：整体感知，了解课文内容；鉴赏评价，感受文本特点；赏析结尾，体会小小说构思精巧的特点。

课堂观察结果

1. 教师提问类型

Z老师总共提出了主体大问题11个，但是围绕着这些大问题，还有很多的小问题以及追问，整体统计下来总共呈现出了46个问题。

表 1-4-5　Z老师改进课提问类型的频次与比例

问题类型	频次	比例（%）
是何类问题	27	58.7%
为何类问题	11	23.9%
如何类问题	7	15.2%
若何类问题	1	2.2%
常规管理性问题	0	0
无意识问题	0	0
合计	46	100%

以下为梳理出来的问题详表：

表 1-4-6　Z老师改进课的问题简述

问题序号	问题简述
1	同学们好，你们喜欢读小说吗？
2	你们觉得小小说有意思吗？选择其中一句，谈一谈你的想法，可以是提问也可以是猜测。 他不是精神死了，是什么？身体是吗？ 他能够结合《骆驼祥子》来说，还有吗？
3	里面有三个人物，根据人物和题目你推测一下它可能发生一件什么事？
4	这个结尾合理吗？为什么？ 最后结局呢？ 正义战胜了邪恶，还有吗？
5	是不是咱们想的那样呢？来拿出你的文章，现在赶快小声读一读。好像和我们刚才想的怎么样？一样吗？
6	你们刚才读的这篇文章，少了一个结尾，发现了吗？现在你再进行一下推想，根据情节你想一想，博士会笑着说一些什么？ 绑匪上当了是吗？ 怎么上当了？ 他可能还会想一些什么？
7	你们看看这是原文的结尾，一起读一下。这个结尾怎么样？
8	现在默读课文，想一想为什么合理？在文中画出来，可以在文中做记录。 谁故意把孩子放在车里的？ 所以使文章结尾怎样？

续表

问题序号	问题简述
9	博士对绑匪说的每一句话中，都是精心布局。使绑匪一步一步进入圈套，那如果去掉这样的句子行不行？ 毫无根据不合理，还有吗？ 这样的结尾有什么作用吗？激发了读者阅读兴趣。 还有没有？在人物上有没有关系？ 你们想想对人物来讲，有什么作用？ 你们想到后边会是这样的吗？ 更能突出什么？
10	想一想我们读过的小小说有《跳水》和《生死攸关的烛光》，现在快速浏览这三篇文章，比较一下这三篇文章结尾有什么相同点？ （出乎意料）为什么？ 他认为这三篇文章结尾都让我们出乎意料，还有没有相同点？ 从哪看出是情理之中的？同意吗？还有吗？
11	为什么这样写呢？ 你为什么又认为她没戴上呢？ 这是原文的结尾，跟谁写的差不多？意思差不多的？

2. 师生对话方式

表1-4-7　Z老师改进课师生对话不同方式的频次与比例

观察维度		频次	比例
教师挑选回答问题的方式	提问前先点名	0	0
	让学生齐答或自由答	9	20.9%
	叫举手者答	32	74.5%
	叫未举手者答	1	2.3%
	鼓励学生提出问题	1	2.3%
学生回答的方式	集体齐答	9	19.6%
	讨论后汇报	3	6.5%
	个别回答	32	69.5%
	自由答	1	2.2%
	无人回答	1	2.2%

续表

观察维度		频次	比例
教师的回应方式	肯定回应	30	93.75%
	否定回应	0	0
	无回应	0	0
	打断回答或教师代答	2	6.25%
	重复学生回答并解释	0	0

Z老师在整节课中，让学生齐答或自由答占20.9%，叫举手者答占74.5%鼓励学生提出问题占2.3%。与教师挑选回答问题的方式相呼应，学生集体齐答占19.6%，讨论后汇报占6.5%，个别回答占69.5%，自由答占2.2%。教师肯定回应占93.75%，没有重复学生回答并解释。

3. 师生对话深度

表1-4-8　Z老师改进课师生对话不同深度的频次与比例

对话深度	频次	比例（%）
一级深度	31	59.6%
二级深度	9	17.3%
三级深度	8	15.4%
四级深度	3	5.8%
五级深度	1	1.9%

师生对话深度这组数据显示，一级深度问题占整节课的59.6%，二级深度占17.3%，三级深度占15.4%，四级深度占5.8%和五级深度占1.9%。

4. 师生课堂行为基本机构

Z老师执教的《诱拐》一课经统计分析，学生行为（S）共85次，教师行为（T）共166次，计算得到教师行为占有率$Rt=Nt/N=166/251=66.14\%$；相同行为连续次数$g=93$，计算得到行为转化率$Ch=（g-1）/N=36.65\%$。以横轴为Rt，纵轴为Ch绘制$Rt-Ch$图，可以看出，这个点落在了混合型区域，因此这节课教学方式属于"混合型"教学模式。

教学探索值得肯定的方面

Z老师长期在中、高年级教学，两节课都可以看出老师的教学基本功很扎实。本次教学与之前相比，可以看出Z老师更能注重课堂的生成，课堂目标明确，每个问题的设计语言更精准。这一次的师生互动中，课堂上呈现出来的是学生超高的积极性，就算是不同的问答形式，学生的概括也非常到位。

问题诊断与改进建议

1. 问题结构

Z老师的改进课教学设计在经过数据分析后进行了整体的调整，尽可能设计出一些思维含量高的"如何类"问题，占15.2%，比之前提升了5.2%。"是何类"问题占58.7%，"为何类"问题占23.9%，与试教课展现出来的数据基本持平。"若何类"问题占2.2%，相比试教课的8%有所下降。

2. 理答方式

通过两次数据可以明显看出，教师在整节课中，能够尊重学生的意愿，选择叫举手者回答问题占74.5%，与试教课数据基本持平，本次课中教师关注到了未举手回答的学生，以及有意识地鼓励学生提出问题，均占了2.3%，虽然占比不多，但是也体现出此次课老师在上课时已经有了该意识。

3. 师生对话深度

依据课堂记录表中师生对话深度数据分析，改进课呈现出的一级深度和二级深度问题与首次课基本持平，三级深度的对话有所增加，这与之前问题类型中"如何类"问题有所增加相符合。而本次课中的四级深度和五级深度问题均少于试教课，究其原因还是与教师过多的零碎、重复的追问有明显关系。

比如：

老师：选择其中一句，说一说你的想法，可以是提问，也可以是猜测。

学生1：我想选最短的推理小小说，我读过这样一句话："他死了一定曾经活过，我感觉他死了并不是真的死了，而是他的精神死了。"比如《骆驼祥子》里的祥子，刚开始总是拉车想买车，最后因为的虎妞死而变得特别懒散。

老师：他不是精神死了是什么？身体是吗？这位同学能够结合《骆驼祥子》来说，还有吗？

学生2：我想提问武侠小小说，有的武侠小小说安排高手被豆腐砸死，我想了想，高手那么厉害，豆腐那么脆弱，高手怎么可能被豆腐砸死？

老师：这就引起了我们的思考。还有吗？

学生3：我选择悬疑小小说。人的生死是并不是简单地活着和死去，生应该是精神上的上进，死是指受人蛊惑专干坏事。我看的悬疑故事就是有个人丧失自我，干了很多坏事，之后幡然醒悟，这就是由死到生。

老师：好，你是这么想的。大家再看小小说的时候，可以根据人物和故事情节进行推想，但是往往，我们读到结尾的时候，才明白是怎么回事。今天老师给大家带来一篇小小说，题目是《诱拐》，人物是绑匪、机器人和博士。大家可以先来猜猜这个故事，具体会讲什么。

学生4：我觉得可能是绑匪遥控了机器人，还诱拐博士。

学生5：我猜是绑匪绑架博士，威胁博士交出机器人，博士一定是誓死不从。

学生6：我认为是绑匪绑了博士，机器人把博士救了。

老师：是不是你们想的那样呢？快拿出课本来小声读一读吧。

上述师生对话的内容可以看出，课前出示几篇小小说，让学生根据人物、情节进行推想，然后让学生根据《诱拐》中的博士、机器人、绑匪这三个主要人物来猜测文章的主要内容，最后读文章推测结尾。我认为推测的环节过多，应该删减。

三、结论与启示

（一）师生对话深度分析

小小说篇幅短小，所以讲究语言的精简。小小说在情节构思上往往利用巧合、故布疑阵、巧设误会、创设悬念等技巧进行大肆铺陈，在充分蓄势之后再在结尾处抖包袱，以收到"既出人意料，又在情理之中"的艺术效果。小小说的结尾最见匠心，最忌直、露、白——反差越大越好，反差越大越有感染力。这就是所谓的"尺水兴波，文短意长"。《诱拐》的结尾特点鲜明，学生初读就能感受到结尾是出人意料的，但要体会结尾又是在情理之中就显得有些困难，所以让学生回读文章，在前文中找一找哪些语句提示或暗示了结尾的出现，使得这个结尾虽出乎意料又在情理之中。让学生从文中找依据，可以是填写表格，画曲线图，画思维导图等多种方法，给学生的问题可探讨性，开放性，让他们表现的方式多元的，所以课堂上呈现出来的是学生超高的积极性，不同的形式，概括也非常到位。

（二）改进课对比分析

Z老师的改进课从问题的数量可以看出虽然主体问题多于试教课，但是重复追问的情况明显减少。通过两次讲课在问题类型和师生对话深度的数据进行分析，也可以很直观地看出Z老师改进课在"如何类"和"若何类"问题多于试教课，相对应对在师生对话深度方面改进课三级深度问题多于试教课，与此前的数据相吻合。Z老师改进课全都在围绕着主体问题引导学生展开讨论，即便是追问也是在教师引导后会以"此时，你有什么新的理解吗？"这样的方式引导学生谈理解，而不是简单地重复追问，并且在授课环节中引导学生推测和迁移，比如，科幻小说家怎样写出这样的小说？读其他的科幻小说给你哪些启发？这些都是我们的优势。

第五节　小学语文三年级《这儿真美》课例研究

——习作教学中提升师生课堂互动质量的教学实践研究

研究团队：瓮越红　赵丽梅　高琳　闫丽琳

执笔人：赵虹

一、研究背景

生活是写作的源泉，阅读是写作的基础。我们强调有目的地引导学生广泛阅读，其目的不仅在于给学生提供成千上万成功的写作模式，更重要的是通过阅读，一方面帮助学生积累丰富的语言材料；另一方面开拓学生的写作思路，提高学生认识事物和表达事物的能力。三年级是小学非常重要的过渡阶段，具有承上启下的作用，我们必须在这个阶段唤起学生对写作文的兴趣，激发他们写作文的潜能。我认为首先必须激发学生的兴趣，提高他们的写作信心，保护他们的写作积极性，让他们从此乐于动笔。

《义务教育语文课程标准（2011年版）》在第二学段（三至四年级）的学段目标与内容中提到"能复述叙事性作品的大意，初步感受作品中生动的形象和优美的语言，关心作品中人物的命运和喜怒哀乐，与他人交流自己的阅读感受"，在第三学段（五至六年级）的学段目标与内容中进一步提到"阅读叙事性作品，了解事件梗概，能简单描述自己印象最深的场景、人物、细节，说出自己的喜爱、憎恶、崇敬、向往、同情等感受"。

在教学中，师生课堂互动推动着教学进程与学生思维，使学生深入文本，了解事件，感受形象，关心人物，体会作者的思想感情，彼此交流自身的阅读感受。师生课堂互动质量影响着学生发展和教学成效。高质量的师生互动更有助于撬动学生的思维，促进学生语文学科核心素养的发展。

二、研究过程

在当今飞速发展的网络信息时代，学生从"会背会写"逐渐转变为"能言会道"，说话能力及口语交际能力成为衡量一个人社交水平的标准。那么，作为言传身教的老师，怎样将这一本领教给学生，或者说老师自己如何上好"习作课"或者"口语课"，是我的困惑。小学习作教学目标在于培养学生初步的书面表达能力，而这方面的基础打得如何，将影响学生的一生。所以，一直以来，习作教学在语文教学中占有十分重要的地位。

2020年新学期伊始，我校领导就已开始部署本学期各组的课例研究活动事宜。会议上低段、中段、高段互相结合，针对习作教学展开讨论。高年级段的学生在习作方面已形成自己的方法和风格，并且能独立完整地描述一件事情。低年级段的，如一年级的孩子们刚刚入校，还未从幼儿园的集体生活中转变过来，说话及语言表达没有达到独立自主的程度，大部分依靠老师教或者模仿他人。所以，我们将习作研究的对象定位在三年级的学生。原因有以下几点：三年级的孩子年龄段都处在八九岁，有自己的思想和主观表达意识；三年级的口语交际课较之一二年级和五六年级的过低和过高的要求，授课教师能把握教学目标，从而更好地根据学生情况设计教学过程；研究中级段的口语交际，既可以检测低年级段的语言组织能力，又可以为高年级段的习作教学夯实基础，探索实践，寻找更适合上好的习作教学方法，做到师生双赢。

经过商讨，集体的智慧是强大的，我们最终将课例研究的主题定为：习作教学中提升师生课堂互动质量的教学实践研究。将课例定为部编版三年级上册的《这儿真美》。

（一）试教课研究

2018年9月，我们进行了第一次试教课。本次课是由教学经验丰富的G老师。G老师为本节课确立了3个教学目标：观察一处景物，围绕一个中心意思，按一定的顺序描写下来；本单元的习作主题是"这儿真美"，要求学生围绕一个意思写一处身边的美景；引导学生仔细观察他们每天学习生活的校园，看看这个地方有些什么，是什么样子的，并用自己的文字记录下来。这样的习作内容不仅能够激发学生写作的兴趣，而且还能够引起学生之间的共鸣，在同伴引领下，彼此都能够发现更多、更别样的校园美景。

课堂观察结果

1. 教师提问类型

G老师整节课共提出了48个问题，其中"是何类"问题占据了绝大部分，达到了56.3%，而迁移性的"若何类"问题只占了4.2%。

表 1-5-1　G老师试教课提问类型的频次与比例

问题类型	频次	比例
是何类问题	27	55.1%
为何类问题	14	28.6%
如何类问题	5	10.2%
若何类问题	2	4.1%
常规管理性问题	0	0
无意识问题	1	2%
合计	49	100%

据上述数据显示，在整节课中教师共提出了48个问题，其中"是何类"问题占据了整节课的一多半，达到55.1%，"为何类"问题约占三分之一，为28.6%，"如何类"和"若何类"问题占了14.3%。经过集体讨论，大家认为在

这节课中教师注意教学环节中让学生成为学习的主人，让学生在实践中学习，对于知识的迁移运用还需有所加强。

2. 师生对话方式

G教师在整节课中，让学生齐答或自由答占35.4%，叫举手者答占61.2%，鼓励学生提出问题占4.4%。与教师挑选回答问题的方式相呼应，学生集体齐答占8.9%，讨论后汇报占15.6%，个别回答占71.1%，自由答占4.4%。教师肯定回应占54.1%，无回应占27%，重复学生回答并解释占18.9%。

表1-5-2　G老师试教课师生对话不同方式的频次与比例

观察维度		频次	比例
教师挑选回答问题的方式	提问前先点名	0	0
	让学生齐答或自由答	17	35.4%
	叫举手者答	31	61.2%
	叫未举手者答	0	0
	鼓励学生提出问题	3	4.4%
学生回答的方式	集体齐答	4	8.9%
	讨论后汇报	7	15.6%
	个别回答	32	71.1%
	自由答	2	4.4%
	无人回答	0	0
教师的回应方式	肯定回应	20	54.1%
	否定回应	0	0
	无回应	10	27%
	打断回答或教师代答	0	0
	重复学生回答并解释	7	18.9%

3. 师生对话深度

师生对话深度这组数据显示，一级深度问题占据整节课的52.6%，二级深度占34.2%，三级深度占13.2%，没有四级深度和五级深度的问题。本节课的教学设计能够面向全体学生，基本都聚焦在一级深度和二级深度中，三级以上深度的问题还有所欠缺。

表 1-5-3　G老师试教课师生对话不同深度的频次与比例

对话深度	频次	比例（%）
一级深度	20	52.6%
二级深度	13	34.2%
三级深度	5	13.2%
四级深度	0	0
五级深度	0	0

4. 师生课堂行为基本结构

《这儿真美》一课经统计分析，学生行为（S）共167次，教师行为（T）共18次，计算得到教师行为占有率 $Rt=NVN=118/285=41.4\%$ ，相同行为连续次数 $g=84$ ，计算得到行为转化率 $Ch=（g-1）/N=41.29\%$ 。以横轴为Rt，纵轴为Ch绘制Rt-Ch图，这个点落在了对话型区域，因此这节课教学方式属于"对话型"教学模式。

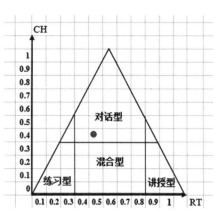

图 1-5-1　G老师试教课Rt-Ch图

问题诊断和改进建议

从课堂观察数据来看，G教师教学过程完整，尊重学生，没有出现打断学生或教师代答的情况。其中两次鼓励学生质疑，给予学生一定的思考空间。

1. 问题结构

"是何类"问题所占比例过大，而"为何类"问题和"如何类"问题所占比对例过小。这反映出G老师在调动学生思维方面做得不够好。学生只需要回答是或者否，或者从文中简单提取信息作为答案。要适当增加对应策略性知识的"如何类"问题。

2. 理答方式

学生回答问题的方式"齐答或自由答"比例较高，而"讨论后汇报"仅占13.16%，这与问题类型相关，应通过调整问题结构，增加问题难度，从而增加"讨论后汇报"的比率。

教师"无回应"与"重复学生回答并解释"所占比例较高。教师要通过提高自身的元认知，降低"无回应"。课堂上有的学生回答得好，有的学生回答得不好。要调动生生互动来回应与评价，从师生评价走向生生评价，避免一直"重复学生回答并解释"。"未举手回答"比例要提高，要关注和了解学生的学情。

3. 师生对话深度

师生对话深度基本都聚焦在一级深度和二级深度，缺乏三级以上深度的问题。这一组数据也与之前的问题类型中是何类问题较多不谋而合。要梳理问题与问题之间的逻辑关系，减少细小问题，增加主问题。

4. 师生课堂行为基本结构

整堂课的教学模式属于对话型，师生行为转换率偏高，即碎问碎答较多。教师行为占师生总行为的45.5%，教师行为与学生行为基本各占一半课堂时间，要体现学生的主体性，还需要进一点降低教师行为比例。

小 结

此次改进课比之前的试讲课有了很多改变，从问题结构到师生对话的深度都有加强，同时要避免碎问碎答，降低师生行为转换率。

三、结论与启示

通过以上数据分析诊断，在《这儿真美》习作教学中，教师基本能够关注到学生的感受，属于典型的对话型教学模式。整堂课教师提出的问题基本以"是何类"问题为主，学生只需要回答是或者否，教师还是过多的关注了学生基础层面的认知，对于拓展运用有所忽视。整体感觉这节课教师和学生的转换过于频繁。反思这两次的教学经历，我觉得第二次课应该把课堂真正交给学生，把学习的主动权还给学生，体现出学生的主体地位。只有这样大胆放手的课堂上，学生才会在自主学习的海洋里畅游探索。

我们经常埋怨学生不动脑，上课总是坐着既不思考也不回答问题，就像机器一样听老师和同学说完了就往书上记，难道学生真的不会思考吗？是我们没有给学生思考的机会，没有给学生自主学习的机会，没有给学生创造的机会，学生思维的灵性就在我们一味地讲解中给抹杀了。

我们一贯倡导"一切为了学生，为了一切学生"，那么在教学过程中，课堂不应该是教师表演的舞台，而应是学生学习的平台，是学生获取、储备知识的重要阵地；教学不是为了控制学生，而是引导、促进学生的发展，让学生进行自主学习。我们不能再做扼杀学生创造性的"刽子手"，要留给学生主动学习的空间，要把学习的权力交给学生，让他们在自主学习的过程中慢慢成长，逐渐发展，要相信学生的潜力是无限的。学生在一次次地学习过程中学会了思考，学会了创新，他的收获绝不仅仅是书本上的东西。只有这样，学生才能发挥其学习的积极性、主动性和创造性，实现更有效率的学习。把课堂还给学生，让学生做课堂的主人，就从这节课开始！

第二章

数学学科课例研究"进行时"

第一节　小学数学五年级《认识底和高》课例研究

——数学概念教学中提升师生课堂互动质量的教学实践研究

研究团队：梁静 李会平 马春红 唐瑭

执笔人：张蕊

一、研究背景

数学概念是数学基础知识的重要组成部分，是构成数学理论体系的基础和核心。每一个数学概念的诞生都是一个发现问题、解决问题的经典案例；每一个数学概念的诞生都是探究思维历程再现的过程；每一个数学概念的诞生都是数学的一次前进与飞跃。师生课堂互动是学生在数学学习过程中的重要方式，也是学生不断建构知识的重要方式。在高质量的课堂互动中，教师能够及时了解学生的学习状态，调整教师的教学思路，改变教学方法，促进学生去观察、猜想、推理、验证、应用等。同时，促进学生去主动参与学习，从而提升学生的数学核心素养。也就是说高质量的师生课堂互动在学生建立数学概念的过程中有着非常重要的作用。

（一）数学概念对数学学习的重要作用

《义务教育数学课程标准（2011年版）》对数学课堂中的教与学活动的表述：教学活动是师生积极参与、交往互动、共同发展的过程。这意味着数学课堂教学要摒弃"1+1就是等于2"的灌输式教学，要给学生的学创造情境，在结合生活实际的过程中了解数学的含义，体验数学学习的乐趣。对于相对抽象的数学概念，在联系生活实际的同时，让学生参与发现知识的过程，在合作交流中锻炼思维，培养能力，实现数学的育人能力。

数学概念能够反映出客观对象的数量关系以及数学空间形式的本质。学生在学习数学概念的过程中，建构数学理论框架的基础。概念教学是数学教学的核心部分，是学生开展数学学习的基本保障。数学概念来源于生活，是人们为了解决生活中的问题而形成的一套抽象知识体系。学生透彻地理解数学基本概念知识，可以促进学生数学知识和技能的形成；促进学生思维的发展；帮助学生构建完整的知识体系，从而更加深刻的理解数学的本质。

数学概念在数学学科中发挥着基础性作用，从数学教学内容来看，每一个教学模块都是以一定的数学概念为支撑的。如果学生对数学概念没有理性而深刻的认识，仅仅是依靠机械性的练习来掌握数学知识，那么数学知识是没有任何意义的。只有引导学生对数学概念进行正确的认识，在认识的基础上进行内化理解、主动建构，建立数学概念与生活实际的联系，才能使学生对数学学科产生正确的认识，对思维发散、想象力与创造能力的发挥提供正确的方向。

（二）数学概念对提升学生数学核心素养的重要作用

核心素养要培育的是学生的必备品格与关键能力，这个培育过程不是空洞的，而应当与具体的数学知识学习过程结合在一起，作为数学知识体系构建的基石，概念教学在核心素养培育的过程中发挥着重要的作用。同时，核心素养也对概念教学提供新的启发。从笔者接触到的相关文献来看，概念教学与核心素养的理解是一个相互联系、相互促进的关系。

核心素养是灵魂，数学知识是肉体，而具体的数学学科核心素养要素，则成为从数学知识教学走向核心素养落地的路标。对概念教学而言，有了核心素养培养的意识，对概念教学的理解就会拓宽，一方面可以认识到概念在数学知识体系中所发挥的作用，另一方面可以认识到概念教学对核心素养落地的作用。从概念教学的实践来看，在概念教学中渗透核心素养是一条有效的落地途径。从数学学科核心素养的培育来看，数学知识发生、发展的根本，数学概念的发现和引入是课堂教学的重要环节，往往体现了众多的数学思想方法。而运用这些数学思想方法，就是核心素养的培育过程，这样的理解又将数学概念、数学思想方法、数学学科核心素养三者联系在一起，三者是一种互相渗透、互相依赖的关系。

在数学概念教学中培养学生的核心素养，我们经常会以理解并灵活运用概念为前提。而数学概念一般比较抽象，学习起来不易掌握，而且容易因为理解不够深刻，造成概念之间关系混乱。因此，在概念教学中，学生的逻辑推理、数学抽象、数学建模、直观想象等素养的提高，都会在不断深刻理解数学概念的基础上进行。首先可以让学生通过具体情境充分感知；然后引导学生建立表象，帮助学生抽象概括；最后形成概念。这样，核心素养背景下的概念教学才更有意义。

（三）师生互动质量与学生数学核心素养间的关系

课堂教学互动是指师生互相交流、共同探讨、互相促进的一种教学组织形式。而师生互动的有效性是指采取师生互动的教学组织形式，产生有效的结果，它包含三个方面的内容：第一，师生互教互学，形成真正的学习共同体。这样的师生关系是平等的、民主的，整个教学过程是师生共同开发、探讨、丰富课程的过程。在互动中，学生发挥自己的个性和创造能力。第二，师生间的交流信息面十分广泛，知识、技能、情感、态度、价值观都得到充分的交流，通过这些交流，师生间能够相互沟通，相互影响，相互补充，教学过程也就成为学生发现问题、提出问题、解决问题的过程。第三，师生共同参与，相互作用，能够创造性地实现教学目标。师生形成合力，促进学生的主动发展，提高课堂效率，达成教学的最佳效果。

对于课堂教学的开展，教师与学生之间的互动沟通是非常重要的，教师需要改变一味灌输式的教学模式，关注学生在课堂上学习的状态，通过沟通交流实现教学反馈，并且针对学生的课堂表现给予评价。笔者认为作为教师应该引导学生提出问题和思考问题，让学生表达自己的看法，引导学生通过自主研究分析问题和解决问题。这样的师生互动更能促进学生数学核心素养的养成。

二、研究过程

（一）试教课研究

2019年11月5日我们进行了第一次试教课。本次课的主讲教师是有12年教龄的Z老师。Z老师本节课确立了三个教学目标：结合"限高"的情境体会高的意义，并通过动手操作，认识梯形、平行四边形与三角形的底和高；会用三角尺画出平行四边形、三角形与梯形的高；能在方格纸上画出给定底和高长度的平行四边形、三角形与梯形。

为了达成教学目标，设计了以下教学环节：（1）创设情境，发现"高"，从梯形的限高桥洞引入高的性质特征。（2）经历探究，建构"高"，在找梯形、平行四边形、三角形高的过程中，直观感受"高"，建立三种图形"高"的关联，在画梯形、平行四边形、三角形高的过程中，深度理解"高"，体会底和高的对应性，在根据底和高的变化画出图形的过程中，聚焦"底"和"高"，感知底和高是度量面积的关键要素。（3）回归生活，应用"高"，引导学生用数学的思维去分析生活中的现象。

Z老师围绕"什么是梯形、平行四边形、三角形的高？""怎样根据给定的底边画出梯形、平行四边形、三角形的高？"两个中心问题与学生展开对话交流，进行充分的师生互动，学生通过"找一找""认一认""画一画"三个层层递进的学习任务，在想象和推理过程中逐步把握"底与高"的关系，建构高的本质特征，为后续学习图形面积提供支架。课堂上，教师给予学生充分的思考、交流、操作时间，围绕中心问题，结合实践活动展开对话，让学生找到高、认识高、会画高。能够体现学生是课堂的主体，教师是课堂的主导。

课堂观察结果

1. 教师提问类型

Z老师整节课共提出了132个问题，其中是何类问题占据了大部分，达到了47.7%，为何类问题占了26.5%，而迁移性的如何类和若何类问题占了15.9%和3%。

表2-1-1 Z老师试教课提问类型的频次与比例

问题类型	频次	比例
是何类问题	63	47.7%
为何类问题	35	26.5%
如何类问题	21	15.9%
若何类问题	4	3%
常规管理性问题	6	4.6%
无意识问题	3	2.3%
合计	132	100%

2. 师生对话方式

Z老师在整节课中，叫举手者回答的问题最多，占比48.81%，让学生齐答和自由答的问题占42.86%。与教师挑选回答问题的方式相呼应，学生集体齐答占9.64%、自由答占37.35%，讨论后汇报占了10.84%。教师肯定回应占58.54%，重复学生回答并解释占41.46%，未出现否定回应和无回应。

表 2-1-2　Z老师试教课师生对话不同方式的频次与比例

观察维度		频次	比例
教师挑选回答问题的方式	提问前先点名	0	0
	让学生齐答或自由答	36	42.86%
	叫举手者答	41	48.81%
	叫未举手者答	3	3.57%
	鼓励学生提出问题	4	4.76%
学生回答的方式	集体齐答	8	9.64%
	讨论后汇报	9	10.84%
	个别回答	35	42.17%
	自由答	31	37.35%
	无人回答	0	0
教师的回应方式	肯定回应	24	58.54%
	否定回应	0	0
	无回应	0	0
	打断回答或教师代答	0	0
	重复学生回答并解释	17	41.46%

3. 师生对话深度

师生对话深度的这组数据显示，一级深度问题占据整节课的51.22%，二级深度占28.46%，三级深度占17.07%，四级深度和五级深度的问题占全课3.25%。

表 2-1-3　Z老师试教课师生对话不同深度的频次与比例

对话深度	频次	比例
一级深度	63	51.22%
二级深度	35	28.46%
三级深度	21	17.07%
四级深度	4	3.25%
五级深度	0	0

4. 师生课堂行为基本结构

S-T分析显示，学生行为（S）共227次，教师行为（T）共119次，计算得到教师行为占有率$Rt=Nt/N=119/346=34.39\%$。相同行为连续次数$g=60$，计算得到师生行为转化率$Ch=（g-1）/N=（60-1）/346=17.05\%$。以横轴为$Rt$，纵轴为$Ch$绘制$Rt$-$Ch$图，这个点落在了混合型区域，因此这节课教学方式属于"混合型"教学模式。

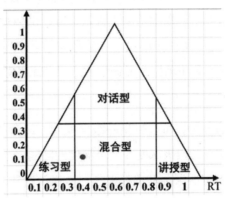

图2-1-1　Z老师试教课教学Rt-Ch图

教学探索值得肯定的方面

从课堂观察数据来看，Z老师注重学生个性化理解，并尽可能让更多学生参与进来。教师绝大多数情况下可以给予学生肯定回应，也会对学生回答做出解释，整节课都没有否定回应，可以看出教师尊重学生观点的同时还能把握整节课的节奏和关键点。

问题诊断与改进建议

1. 问题结构

"是何类"问题所占比例达到近一半，而"为何类"问题和"如何类"问题所占比例相对较少。这主要因为教师比较注重本节课中学生对"什么是梯形、平行四边形、三角形的高？"这一数学概念的认知情况。但对于"怎样

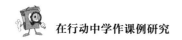

根据给定的底边画出梯形、平行四边形、三角形的高？"这一中心问题给予的关注不够充分。

2. 理答方式

学生回答问题的方式以"个别回答"为主，"集体齐答"占9.64%，"自由答"占37.35%，"讨论后汇报"占了10.84%，这与问题类型相关，应通过调整问题结构，增加问题难度，从而增加"讨论后汇报"的比率。

教师绝大多数情况下可以给予学生肯定回应，也会对学生回答做出解释。"重复学生回答并解释"所占比例较高。教师在教学中应提高灵活应变能力，调动学生思维的积极性和主动性，促进学生进行多元思考。

3. 师生对话深度

师生对话深度的分析，可以看出一级深度和二级深度问题的所占比例很高，三级深度占17.07%，四级深度和五级深度的问题占全课的0.03%。根据数据呈现出本节课师生对话深度基本都聚焦在一级深度和二级深度中，缺乏三级以上深度的问题。这一组数据也与之前的问题类型中是何类问题较多不谋而合。

4. 师生课堂行为基本结构

整堂课属于"混合型"教学模式，但学生行为有227次，相对较多。再次观看课堂实录发现，教师在提出一个问题后，会让不同的学生进行回答。当学生回答不够完整、全面时，会让其他学生进行补充或提出自己的想法。

小 结

整体感觉这节课教师和学生的转换过于频繁，这主要是因为教师的提问比较琐碎，这样的教学模式在一定程度上会打断学生思维的连贯性，造成学生思维出现断层。但整节课中，师生对话、生本对话充分，学生之间可以针对教师提出的问题相互补充或提出自己不同的想法，使不同层次的学生都能够在本节课上有所收获，教师做到了面向全体学生。

（二）改进课研究

2019年11月21日进行了第二次改进课，此次课依旧是Z老师执教。经过试教课的反思与调整，Z老师调整了教学目标：结合具体情境认识梯形、平行四边形与三角形的底和高；学会画平行四边形、三角形与梯形的高。能在方格纸上画出给定底和高长度的平行四边形、三角形与梯形；通过观察对比，感知梯形、平行四边形与三角形的高之间的关联，体会三种图形的底和高与其面积大小的关联；结合具体活动，经历观察、想象、操作等过程，发展量化意识、空间观念。

在改进课上，教师注意到了问题的精准性，描述问题的语言更加精确，问题指向更加明确。这样的问题，让学生的思考更具有指向性。教师有效组织引导学生展开探究性小组合作研究，通过小组、个人和全班的三层次探究，学生可以运用学过的知识，自然过渡迁移进行新知识的探究，深刻掌握本节课的重点，课堂实效性强，教师注重课堂的生成，利用生成再次引导学生的学习，让学生更加深刻理解图形的面积与底和高的关系，取得了很好的教学效果。教师能够关注学生更深层面的认知，所提问题有一定的思维含量，能够通过问题引导学生深入学习，让学生自己带着问题去探究、去感悟，真正成为学习的主人。

课堂观察结果

1. 教师提问类型

根据课堂实录的梳理结果，Z老师的改进课共提出了112个问题。相比试教课，总问题减少幅度为17.86%。其中"是何类"问题的下降比例是3.06%。

表 2-1-4　Z老师改进课与试教课提问类型的比例对比

问题类型	改进课频次	改进课比例	试教课比例
是何类问题	50	44.64%	47.7%
为何类问题	34	30.35%	26.5%
如何类问题	18	16.07%	15.9%
若何类问题	4	3.57%	3%
常规管理性问题	4	3.57%	4.6%
无意识问题	2	1.80%	2.3%
合计	112	100%	100%

2. 师生对话方式

在改进课中"让学生齐答或自由答"的次数明显下降，下降比例是33.33%；"叫举手者答"的次数持平；"鼓励学生提出问题"的次数有所上升，上升比例是75.00%。"集体回答"的次数明显上升，上升的比例为200.00%；"个别回答"的次数有所上升，上升的比例为20.00%；"自由答"的次数明显下降，下降的比例为61.29%。教师的"肯定回应"有所上升，上升比例是12.50%；教师"重复学生回答并解释"有所下降，下降的比例是41.17%。

表 2-1-5　Z老师改进课与试教课对话方式的比例对比

观察维度		改进课频次	改进课比例	试教课比例
教师挑选回答问题的方式	提问前先点名	1	1.00%	0
	让学生齐答或自由答	24	32.43%	42.86%
	叫举手者答	41	55.40%	48.81%
	叫未举手者答	1	1.35%	3.57%
	鼓励学生提出问题	7	9.45%	4.76%
学生回答的方式	集体齐答	12	16.44%	9.64%
	讨论后汇报	8	10.96%	10.84%
	个别回答	41	56.16%	42.17%
	自由答	12	16.44%	37.35%
	无人回答	0	0	0

续表

观察维度		改进课频次	改进课比例	试教课比例
教师的回应方式	肯定回应	27	72.97%	58.54%
	否定回应	0	0	0
	无回应	0	0	0
	打断回答或教师代答	0	0	0
	重复学生回答并解释	10	27.03%	41.46%

3. 师生对话深度

教师提出的"一级深度"问题和"三级深度"问题数有所下降，下降比例分别是4.05%和0.09%；"二级深度"和"四级深度"问题上升幅度基本持平。

表2-1-6 Z老师改进课与试教课对话深度的比例对比

对话深度	频次	改进课比例	试教课比例
一级深度	50	47.17%	51.22%
二级深度	34	32.08%	28.46%
三级深度	18	16.98%	17.07%
四级深度	4	3.77%	3.25%
五级深度	0	0	0

4. 师生课堂行为基本结构

从两次的"Rt-Ch图对比"可以看出，两次教学方式都属于"混合型"教学模式。但具体分析每一组数据，改进课与试教课相比较，教师行为数、学生行为数、相同行为连续次数明显减少。

表2-1-7 Z老师改进课与试教课课堂行为相关数据对比

	教师行为数	学生行为数	课堂行为总数	教师行为占有率	相同行为连续次数	师生行为转换率	教学模式
试教课	119	227	346	34.39	60	17.05	混合型
改进课	82	119	201	40.80	39	18.91	混合型

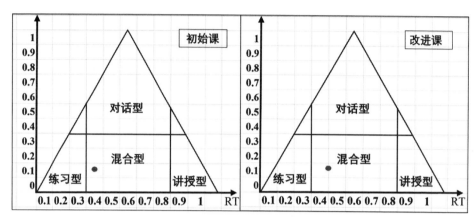

图 2-1-2 Z老师试教课与改进课教学Rt-Ch图

比较结论与改进建议

1. 问题结构

Z老师此次改进课与之前第一次试教课相比，调整了问题结构，减少了"是何类"问题，但还是倾向于"是何类"和"为何类"问题。共占整节课的74.99%。

2. 理答方式

在改进课中"让学生齐答或自由答"的次数明显下降，"鼓励学生提出问题"的次数有所上升。这些数据的改变，说明教师在课堂实施过程中更加关注学生个体的认知情况，注重培养学生发现问题、提出问题能力的培养。这些改变有助于让学生学会学习。

"集体回答"和"个别回答"的次数有所上升，"自由答"的次数明显下降，通过回看两次课堂录像，我们发现，"集体回答"次数上升、"自由答"次数下降的主要原因是教师在提出自由答的问题后，全班绝大多数学生都能够回答，从而回答的方式变成了"集体齐答"。这说明学生能够理解和积极回应教师提出的问题，学生的课堂参与度很高，师生课堂互动质量很好。

教师的"肯定回应"有所上升,"重复学生回答并解释"有所下降。说明学生回答问题的正确率增加;学生回答问题的思路更加清晰、描述更加准确。对比两次课堂实录也可以看出教师经过试教课对自己提出的问题进行了调整,让问题描述更有助于学生理解。这样的改变使课堂上师生互动更加有效。

3. 师生对话深度

教师提出的"一级深度"问题和"三级深度"问题数有所下降,"二级深度"和"四级深度"问题的上升幅度基本持平。说明教师根据学生的实际学情,减少了简单的问题。回看课堂实录,"三级深度"问题的减少是因为在师生、生本交流互动的过程中,解释了一些原本设计出的问题。

4. 师生课堂行为基本结构

从两次的师生课堂行为基本结构可以看出,两次教学方式都属于"混合型"教学模式。但每一组数据的改变都说明师生对于每一个问题的分析更加深刻、清晰。

小　结

概念形成和概念同化是最基本的数学概念教学方式,"本质—外延—巩固—应用"的教学过程明了,且学生可以直接地习得概念。根据这个观点,结合试教课中发现的问题,经过我组老师的反思、探讨、改进后,在改进课的课堂实践中,教师的提问时机更加恰当、问题的指向性更加明确,在课堂实施过程中,教师注重培养学生提出问题的意识。一级深度问题在改进课中明显减少,这为学生独立探索、思考提供了更多的时间。教师琐碎追问的次数明显减少,这样学生的思维更完整、更连贯。

从师生行为占比例来看,改进课中师生行为比例为2:3;从行为矩阵分布来看,教师行为以持续时间相对较短、行为频度较高的提问、讲授、媒体演示等行为为主,学生行为以持续时间相对较长、行为频度较低的学生研究、学生讨论等为主。可见,教师在课堂教学中能够关注学生的主体地位,尤其是在解决本节课的第一个关键问题"什么是底和高"时，将更多的课堂时间留给学生。让学生观看微视频，从现实生活中理解"底和高"背后的故事。呈现出"教师主导—学生主体"的课堂教学结构特征。

在解决第二个关键问题"怎样根据给定的底边画出梯形、平行四边形、三角形的高？"教师给予学生充分的操作时间，让"底和高"的概念在学生的头脑中不断生成、不断完善。在这个过程中，三次探究活动让学生在想象和推理过程中逐步把握底和高的关系，建构高的本质特征，体会高和底是度量面积的关键要素，为后续学习图形面积提供支架。

三、结论与启示

（一）增强学生主体意识，促进学科素养养成

新课改强调的学生观，是以学生为中心，教师也不再是传统意义上的讲授者，更多的是作为一种学生学习知识的引导者和启发者。新课标中明确指出：增强发现和提出问题的能力、分析和解决问题的能力，使学生经历多方面的数学思维，将数量或者空间中某些联系或者矛盾以问题形态表述出来，对培养学生的创新意识和创新精神至关重要。因此，教师要积极地引导学生真正参与到课堂教学中来，多一些自主学习，少些灌输式教学，教师可以运用小组交流、任务驱动、探究学习、课堂汇报等多种形式，激发学生的学习动机。教师也可以多从学生已有知识和生活经验入手，引导学生自主去探索、去发现，从而提高学生的学习能力和创造能力。

（二）组织多种教学活动，丰富教育教学手段

传统的课堂教学教师一般采用讲授法即可完成整堂课程，往往无法调动学生的积极性。在新课程改革的今天，教师可以在课堂中多采用动手操作、实验探索、小组之间互相观摩学习等多种形式来激发学生的学习兴趣和积极性，同时教师也可以将课堂搬至微格教室，全方位利用新技术手段服务于教

学。教师采用灵活的教学策略来开展特色教学，既可以让课堂生动活泼，也可以更好地实现教学目标。

（三）改善教育评价方式，促进学生能力发展

新课改强调，应该转变教育评价的功能，使评价从之前的注重甄别与选拔转向注重激励与反馈，使评价内容从过分注重学业成绩转向注重多方面发展的潜能，评价角度从终结性评价转向发展性评价，更加关注学生的个别差异。这就要求教师在对学生进行教育评价的时候，不能只以知识点的掌握或是考试分数作为唯一评价标准，只注重结果性评价，而忽视对学生能力的培养，不能不注重对学生的发展性评价。教师所有的评价都应该以促进学生身心的和谐发展作为最终的归宿，关注学生的个别差异，让学生学会发现问题、解决问题，培养学生多方面发展的能力。

（四）加强教学反思，提高教学效果

教学反思是指教师针对自己每一节课的教学过程，通过回顾与自我诊断，不断肯定与强化，或者否定与修改的过程。任何一位教师都有一个成长的过程，波斯纳曾经提出过教师成长需要经验和反思两个因素，教师要想提高教学效果必须不断加强自我反思。教师需要提高教育理论水平和教学信念，深化对数学教学反思的认识；营造校园教学反思氛围，促进教师进行教学反思；加强教育理论学习，提高教学反思的能力。

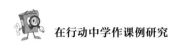

第二节 小学数学一年级《动手做（二）七巧板》课例研究

——在几何教学中激发学生主动参与的教学实践研究

研究团队：李微 刘丽 卜艳华 许梦琳

执 笔 人：张晓琛

一、研究背景

（一）"数学教学"的本质

《义务教育数学课程标准（2011年版）》明确指出"教学活动是师生积极参与、交往互动、共同发展的过程"。这说明教学活动需要师生进行积极的沟通交流，是一种相互启发、相互补充的过程。在这一过程中，师生分享彼此的经验、知识和思考，交流彼此的观念、体验和情感，丰富教学过程，进而谋求共同的发展。

有效的教学活动是学生学与教师教的统一，《义务教育教学课程标准（2011年版）》指出："学生是学习的主体，教师是学习的组织者、引导者和合作者。"这样的角色定位集中体现了在以学生发展为本的目标取向之下，教师和学生之间应具有的关系。教师要在教学中关注学生的主体地位，让学生对数学知识的学习有正确的认识和理解；教师要引领学生积极主动参与学习，在整合课堂内容的情况下，让学生拥有明确的学习思路和方向；教师要为学生创建主动参与的学习模式，激发学生学习兴趣，调动学生参与学习的积极性，引发学生的数学思考，鼓励学生的创造性思维。

小学生对生活充满探索的欲望。因此，要营造一个快乐的学习氛围，让优化的环境来吸引学生的学习，让学生可以投入到特定创设的生动化的情境之中。在"图形与几何"版块教学中，学生在平时的日常生活中已经接触过这些形体，也具备了一定的生活经验。学习新的内容时，已经有了一定的知识基础，甚至有独特见解。因此教师应积极引导学生把自己的见解表达出来，即使是一种猜想，也是难能可贵的。在课堂上，我们要给足时间，让学生能够围绕一个问题进行深入思考，并提出自己的猜想，在猜想的驱动下进行主动寻找解决问题的办法，让学生在猜想中思考，在深思中发现，在发现中探究。这样，才能促进学生更好学习"图形与几何"领域的知识。基于此，数学课堂教学中最需要做的事就是"激发学生的兴趣"和"引发数学思考"。

（二）"图形与几何"的作用

"图形与几何"是数学体系中十分重要的组织部分，人类就生活在一个丰富多彩的图形世界里，通过"图形与几何"的学习，可以借助于几何中的一些图形以及探讨几何图形性质过程中所形成的一些思想方法去更好地了解我们生存的世界。小学阶段的"图形与几何"内容学习，有助于学生更好地认识和理解人类的生存空间，有助于培养学生的空间观念、几何直观、推理能力；有助于培养学生的直觉能力和创新精神；有助于学生获得必需的知识和必要的技能；有助于学生运用图形语言进行表达与交流；有助于促进学生全面、持续、和谐的发展，使其更清晰地认识数学内容之间的内在联系，体会数形结合的思想。

综上所述，"图形与几何"的课程内容，以发展学生的空间观念、几何直观、推理能力为核心展开。"空间观念"是《义务教育数学课程标准（2011年版）》中的10个核心概念之一，同时也是学生在义务教育阶段数学课程学习中最应具备的数学素养之一，是促进学生发展的重要方面，所以需要教师把它落实在教学过程中。

（三）"主动参与"的必要性

"主动参与"教学模式是为了让学生在学习的过程中突出主体地位，成为课堂的中心，强调的是学生积极主动参与课堂教学。"主动参与"可以使课堂展现出一定的开放性，对学习资源进行合理配置，有效利用。在课堂教学中，教师要合理运用"主动参与"的模式，只有这样，学生学习的主动性和积极性才会得到提升，对所学习的内容才会有清晰的认知和理解，从而大大地提升学习效果。

陆游有诗云："纸上得来终觉浅，绝知此事要躬行。"动手操作是学习过程中获得知识的最佳途径，通过动手实践，促使学生多个感官协调合作，同时也是调动多种感官积极参与学习过程。数学学科本身就展现出了一定的实践性和操作性。为了让学生主动参与学习，教师就应该为学生提供更多的操作和实践的机会。通过"做"，让学生的天性得到释放，积极动脑思考，在动手操作中培养空间观念，落实核心素养。

在进行实践操作时，教师不能仅仅局限在教材上，应该把教学内容进行延伸和拓展，并与学生生活实际联系在一起。让数学走进生活、走进社会。这样学生就可以运用所学习的数学知识解决实际生活问题。

二、研究过程

（一）试教课研究

本次教学案例研究，我们首先确定了由一年级的数学Z老师进行授课，授课内容为北师大版一年级下册第四单元《有趣的图形》的第三课时《七巧板》。本单元是学生在一年级上册初步认识长方体、正方体、圆柱和球四种简单立体图形基础上，认识一些常见的平面图形。通过本单元内容的学习，一方面让学生在操作活动中，初步认识长方形、正方形、三角形和圆，体会

"面在体上"，初步培养空间观念；另一方面，能利用所学图形，进行拼图、折纸等活动，进一步感受图形的特征，体会图形与日常生活的密切联系，激发学习图形的兴趣。

认识图形是学习平面图形的起始课，是图形与几何领域中的重要内容，是学生进一步学习其他平面图形，运用图形描述问题、借助图形直观进行思考的重要基础。而《七巧板》一课是通过七巧板拼图使学生进一步巩固所学知识，初步认识平行四边形，培养初步的空间观念、动手操作能力。

整个研究过程，我们依照"合作设计初始教学实施方案—借助观察工具观察初始课—依据观察数据分析讨论初始课—形成改进课教学实施方案—借助观察工具观察改进课—对比观察数据分析反思两次课堂实践—梳理研究成果形成课堂观察课例"这一过程展开此次研究。

课堂观察结果

教学流程：

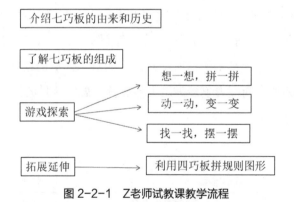

图 2-2-1　Z老师试教课教学流程

本节课，教师将学生进行游戏探索设为教学重点。学生在游戏"用两个图形拼成熟悉的平面图形"中用多种方法拼出了正方形、长方形、平行四边形、梯形，在此基础上教师再通过"在我们的七巧板中就有我们拼出的图形，你能找到吗？""你能把它们再分成小三角形吗？""仔细看，老师变魔术把这个三角形变大了，你还能想办法把这个三角形继续变大吗？"等多个问题展开与学生的交流，让学生经历"想象"到"拼摆"的思考和实践过程。体现出了学生是课堂的主体，教师是课堂的主导，学生通过动手实践，调动多种感官积极主动参与学习，学生的天性得到释放，培养了空间观念。

1. 教师提问类型

表 2-2-1　Z老师试教课提问类型的频次与比例

问题类型	频次	比例 %
是何类问题	52	64.2%
为何类问题	16	19.8%
如何类问题	7	8.6%
若何类问题	1	1.2%
无意识问题	5	6.2%

在各类问题的比例分析中我们可以看出，"是何类"问题占比64.2%，"为何类"问题占比19.8%，"如何类"问题占比8.6%，"若何类"问题占比1.2%。"是何类"问题和"为何类"问题占据了整节课的大部分，我们认为本堂课中教师只关注了学生是否理解明白所学知识，而对于知识的迁移运用有所忽视。因此本节课的调整方向应力争多提出更多更具备思维含量的深度问题。

2. 师生对话方式

表 2-2-2　Z老师试教课师生对话不同方式的频次与比例

观察维度		频次	比例
教师挑选回答问题的方式	提问前先点名	0	0
	让学生齐答或自由答	46	60.5%
	叫举手者答	30	39.5%
	叫未举手者答	0	0
	鼓励学生提出问题	0	0

观察维度		频次	比例
学生回答的方式	集体齐答	35	46.6%
	讨论后汇报	0	0
	个别回答	29	38.7%
	自由答	11	14.7%
	无人回答	0	0
教师的回应方式	肯定回应	42	51.9%
	否定回应	0	0
	无回应	7	8.6%
	打断回答或教师代答	3	3.7%
	重复学生回答并解释	29	35.8%

通过以上的数据可以看出，教师在整节课中，多数学生回答了问题。让学生齐答或自由答占本节课60.5%，说明在教学活动中教师注重了与所有学生的交流，叫举手者回答问题占本节课的39.5%，说明教师能够尊重学生的意愿。

通过分析学生回答问题的方式发现，集体齐答占比最高，个别回答也占比近40%，说明教师关注所有学生的参与，也能得出大部分学生回答了问题，课堂学生参与程度高的结论。教师绝大多数情况下可以给予学生肯定回应，也会对学生回答做出解释，整节课都没有否定回应，但应减少重复学生回答的次数。

3. 师生对话深度

表2-2-3　Z老师试教课不同对话深度的频次与比例

对话深度	频次	比例
一级深度	51	57.3%
二级深度	33	37.1%
三级深度	5	5.6%
四级深度	0	0
五级深度	0	0

通过对师生对话深度的统计分析，得出结论：一级深度问题很多，二级深度占37.1%，有三级深度的问题，但占比较少，没有四级深度和五级深度的问题。据数据呈现，本节课师生对话深度基本都聚焦在一级深度和二级深度中，缺乏三级以上深度的问题。这一组数据能够反映出之前在问题类型中体现出的是何类问题较多。

4. 师生课堂行为基本结构

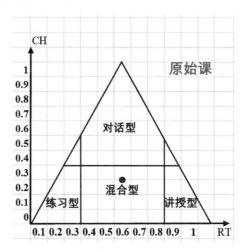

图 2-2-2 Z老师试教课的教学Rt-Ch图

S-T分析显示，学生行为（S）共123次，教师行为（T）共135次，计算得到教师行为占有率$Rt=Nt/N=135/251=53.8\%$；相同行为连续次数$g=77$，计算得到师生行为转化率$Ch=（g-1）/N=（77-1）/251=30.3\%$。以横轴为$Rt$，纵轴为$Ch$绘制Rt-Ch图，这个点落在了混合型区域，因此这节课教学方式属于"混合型"教学模式。

通过以上数据分析诊断，在《七巧板》一课中，教师重点关注了学生的动手操作体验，属于"混合型"教学模式，但教师行为超过了学生行为。再次回看课堂录像发现：教师在提出一个问题后，在学生没有回答的时候会再次重复问题，考虑到一年级学生年龄小，会引导学生去理解他人的想法，在这个过程中就会重复学生的回答。整堂课教师提出的问题基本以"是何类"

问题为主，教师比较注重本节课中学生能否拼出图形，怎么拼成的图形，但对于"为什么这样能拼成"的追问不够不够充分。

小 结

整体感觉教师的提问比较琐碎，这样的教学模式在一定程度上会影响学生思维的连贯性。整节课中，师生交流互动频繁，教师做到了面向全体学生。调整《七巧板》一课的教学环节，让学生先动手体验七巧板的拼法，感受它的神奇奥秘，再了解七巧板的历史。同时将游戏环节的规则设计进一步细化，之前的"用两个图形拼成熟悉的平面图形"过于开放，虽然发散了学生的思维，做到了答案多样化，但是没有更细致地进行深一步的研究。考虑到三角形在整个"图形与几何"的数学学习过程中占有较高的比例，所以将规则更改为"用两个小三角形拼成认识的平面图形"，同时也为后续游戏环节做铺垫，使整个游戏环节的设置环环相扣。

（二）改进课研究

课堂观察结果

教学流程：

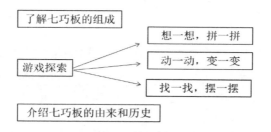

图 2-2-3 Z老师改进课教学流程

经过原始课的反思与调整，在改进课上，教师将教学环节进行了调整，之前教学时的问题太过开放，学生的反馈很分散，不利于后续环节的探究。

本节课教师提出问题的指向清晰了很多。这样的问题，让学生的思考更具有指向性。

1. 教师提问类型

表 2-2-4　Z老师改进课提问类型的频次与比例

问题类型	频次	改进课比例	试教课比例
是何类问题	24	52.2%	64.2%
为何类问题	13	28.3%	19.8%
如何类问题	5	10.9%	8.6%
若何类问题	2	4.3%	1.2%
无意识问题	2	4.3%	6.2%

从两次"问题类型记录对比"可以看出：教师提问题的数量减少了35个，意味着给了学生更多思考、交流和探究的时间。"是何类"问题下降了12%，说明教师减少了重复性问题的提问，把更多的对话放在了问题的追问上，带领学生更深层次地思考。"为何类"问题的增加也说明教师更关注学生拼摆七巧板的过程，"如何类"问题下降近10%，体现出了课堂上有更多时间给学生表达自己的拼摆方法，不用教师再去追问。

2. 师生对话方式

表 2-2-5　Z老师改进课师生不同对话方式的频次与比例

观察维度		频次	改进课比例	试教课比例
教师挑选回答问题的方式	提问前先点名	0	0	0
	让学生齐答或自由答	20	45.5%	60.5%
	叫举手者答	24	54.5%	39.5%
	叫未举手者答	0	0	0
	鼓励学生提出问题	0	0	0

续表

观察维度		频次	改进课比例	试教课比例
学生回答的方式	集体齐答	27	33.3%	46.6%
	讨论后汇报	9	11.1%	0
	个别回答	28	34.6%	38.7%
	自由答	17	21.0%	14.7%
	无人回答	0	0	0
教师的回应方式	肯定回应	22	62.9%	51.9%
	否定回应	0	0	0
	无回应	2	5.7%	8.6%
	打断回答或教师代答	1	2.9%	3.7%
	重复学生回答并解释	10	28.5%	35.8%

通过两次数据的对比可以看出，教师在改进课中，"叫举手者回答"问题超过了试教课，占比54.5%。"叫举手者回答"超过了"学生齐答或自由答"的45.5%，说明关于学生回答的方式，学生回答问题非常积极，"个别回答"频次占比最高，值得注意的是，改进课"讨论后汇报"占11.1%，而试教课的这部分则为零，说明教师课堂教学方式发生了改变，留给学生更多的时间和空间去进行生生互动。结合本项记录表和后面分析的S-T图，可以看出，改进课学生参与度高于试教课，更多学生针对老师提出的问题进行作答。

3. 师生对话深度

表 2-2-6 Z老师改进课师生不同对话方式的频次与比例

对话深度	频次	改进课比例	试教课比例
一级深度	17	37.0%	57.3%
二级深度	23	50.0%	37.1%
三级深度	6	13.0%	5.6%
四级深度	0	0	0
五级深度	0	0	0

从两次"师生对话深度分析对比"可以看出，教师提出的"一级深度"问题和"二级深度"问题数有所下降，说明教师对学生的追问减少。

4. 师生课堂行为基本结构

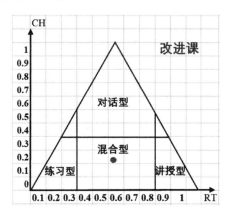

图 2-2-4　Z老师改进课教学Rt-Ch图

S-T分析显示，学生行为（S）共123次，教师行为（T）共134次，计算得到教师行为占有率Rt=Nt/N=134/257=52.1%；相同行为连续次数g=61，计算得到师生行为转化率Ch=（g-1）/N=（61-1）/257=23.3%。以横轴为Rt，纵轴为Ch绘制Rt-Ch图，这个点落在了混合型区域，改进课教学方式属于"混合型"教学模式。

小　结

从两次的"Rt-Ch图对比"可以看出，两次教学方式都属于"混合型"教学模式。我们发现相比原始课，改进课上学生行为有所增加，结合前面"学生回答方式"的分析可以看出，第二次课教师给了学生更多的思考与表达空间。

在改进课中，教师已经明显减少了提问次数。教师注重以提问的方式引起学生注意，并不断追问。教学环节的设计有利于学生动手操作，培养初步的空间观念。但在问题类型的设计上还需要增加"如何类"和"若何类"的问题，这主要是因为教师担心学生年龄小，学习经验少，没有提出迁移发现的问题。但实际上发现性问题才能引发学生深入思考，进行图形教学的有效途径。

三、结论与启示

（一）创设问题情境，引发学生主动参与探究

教师要为学生创设针对性的"主动参与"的问题情境，尽可能地联系学生的生活实际，让学生"动"起来，给学生呈现一个完美的学习空间。在这个空间里让学生自主地参与到探究中，从而引发学生学习的内部需求。

首先需要根据学生的实际情况，设计相应的教学活动。通过对观察能力、操作能力、思考能力以及交流能力的培养提升，加强学生对图形认识、测量、运动等知识的探索能力，让他们根据自己生活中所遇到的图形，进行知识点的思考。

（二）注重实践操作，激发学生主动参与兴趣

《义务教育数学课程标准（2011年版）》关于图形与几何的具体目标中，大量使用了"探索""通过观察、操作……""经历……"等句型，反映出注重过程性的目标。因此，在进行"图形与几何"教学时，一定要遵循过程性原则，以学生的认知发展水平和已有经验为基础，面向全体学生，注重启发和因材施教。

教师还应当加强对实践操作的重视，使教学活动在教师的引导下成为学生主动观察、实验、探索、推理、富有个性的过程。引导学生加强动手操作能力，让他们自己制作图形，从而加深对图形的认识，为后面图形知识的学习奠定良好的基础。同时，加强多媒体教学，它能够将图形以更加生动逼真的形式展现在学生面前从而使学生更加容易掌握图形知识并且进行有意义的探索实践活动。

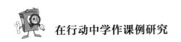

（三）联系生活实际，优化学生主动参与内容

在"图形与几何"领域的知识教学中，大多数教学素材都是由学生现实的生活情境演变而来的。教师应当将学生的生活经验作为出发点，寻找现实中丰富多彩的几何图形，将"图形与几何"的教学过程变得更加生动有趣，更加富有想象力。根据学生经验的区别，可以选用不同的教学素材和呈现形式，引导学生经历一个从"现实"到"数学"的演变过程，加深对图形与几何知识的理解，进一步提升学习效果。

第三节 小学数学五年级《华容道》课例研究

——益智游戏课堂中有效提问提升学生思考力的实践研究

研究团队：蔡颢 程京丽 吕迎 马旭霞 刘颖红

执笔人：张玮

一、研究背景

由于诸多原因，目前的小学数学课堂教学中，提问的有效性差、不利于学生思考力提升的问题显得相当突出，很多问题随心所欲欠思考。课堂有效提问提升学生思考力的教学实践研究是一线教师教学研究的重要课题。

在国外思维教育教学成果的影响和启迪下，我国学者对思维教育的研究从理论和实践方面都进行了探索。早在20世纪80年代初，我国著名科学家钱学森院士就提出了"思维科学"的概念，并组织多次学术会议，对"思维"的问题进行过深入的研讨，1984年还组织召开了首届全国思维科学学术研讨会，成立了中国思维科学学会筹备组。与此同时，北京师范大学的朱智贤教授提出了"思维结构"研究的问题，并出版了《思维发展心理学》一书，在思维教育研究领域写下了浓墨重彩的一笔。此后，关于"思维教育"的研究也掀起了热潮，并且迅速发展。

"华容道"游戏名称来源于我国古典四大名著之一的《三国演义》中的情节：曹操在赤壁大战中被刘备和孙权的"苦肉计""火烧连营"打败，被迫退逃到华容道，遭遇诸葛亮预设的伏兵，关羽为了报答曹操对他的恩情，明逼实让，使曹操逃出华容道。游戏就是据此设计而成。"华容道"以其变化多端，百玩不厌的特点与"魔方""独立钻石棋"一起被国外智力专家并称为智力游戏界的"三个不可思议"。它与七巧板、九连环等中国传统益智玩具并称"中国的难题"。"华容道"这个游戏倍受国内外思维训练者青睐，一是由于其故事性强，能吸引学生；二是华容道变化多端，有百玩不厌的特点；三是华容道玩法复杂，没有意志力无法达成。

（一）有效提问在数学课堂的重要作用

何谓提问？从广义上讲，任何有询问形式或询问功能的语句，也就是通过语言的形式提出问题引发他人产生心智活动并做出回答反应的刺激都是提问。课堂提问是指在课堂教学中的某种教学提示，或传递所学内容原理的刺激，或对学生进行做什么以及如何做的指示。课堂提问是小学数学教学中进行启发式教学的一种主要形式，全由教师一人包办或对答问与其思路不同的学生置之不理等现象还较为常见，这在一定程度上制约了课堂教学效益的提高。因此，增强课堂提问的有效性，值得每位教师认真研究、探讨。课堂提问是小学数学教学中进行启发式教学的一种主要形式，是"有效教学的核心"，是教师们经常运用的教学手段。恰当地运用提问，可以集中学生注意力，点燃学生思维的火花，激发他们的求知欲望，为学生发现疑难问题、解决疑难问题提供桥梁和阶梯，引导他们一步步登上知识的殿堂。提问是否得法，引导是否得力将直接影响教学效果。随着新一轮课程改革的深入开展，课堂提问作为一项可操作、可演示、可评价、可把握的数学教学技能、已越来越受数学教师的重视。

（二）益智游戏课堂提升学生思考力的重要性

1. 思考力。有关思考力的界定学术界并无定见，从"知"的角度看，思考力与心理学界定的思维能力相同，是一种在思维过程中更为积极和具有创造性的认知活动；从"行"的角度看，实践活动包含了实现力、思考力和创造力三种实践能力。实现力是思考力的基础，是创造力的土壤。思考力在实现力的基础上形成，没有思考力就不存在创造力；从"知行合一"和思维发展的角度看，思考力表现的是直观动作、形象、抽象三种思维能力水平的交叉、转化和融合，表现的是一种综合实践的能力。我们的研究，主要是从这个意义上来说的。

2. 益智游戏课堂。益智：让学生的思维能力得到发展。课堂：是进行教学活动时的教室，泛指进行各种教学活动的场所。益智游戏课堂：以思考力为价值取向的课堂教学形态。

益智游戏课堂提升学生思考力的重要性是很显著的。以益智游戏为载体的研究，可以作为一个切实的、系统的实践"抓手"，为多渠道促进学生思维能力的发展、落实新课标"四基""四能"的要求，落实《义务教育中小学课程标准》的相关教学内容提供充分的实践基础。其目的在于：（1）通过对益智器具的开发和运用，构建适合中小学生思维能力发展的思维训练活动课程体系，为国内思维教育在实践研究层面另辟蹊径；（2）打破当前仍旧存在的知识教育的形态，通过引入益智器具融入教学活动，增设思维活动的益智课程，努力实现以思考力培养为价值取向的教学新要求。

二、研究过程

本次教学案例研究，我们首先确定了由有一级教师职称的五年级C老师进行授课，授课内容为数学益智游戏《华容道》。依照"合作设计教学实施方案—借助观察工具关注实施中的研究课—依据观察数据讨论研究课—教学观摩—重新设计—实施经过重新设计的课。"这一过程展开此次研究。

结合我校正在开展的《数学益智与思考力提升》的课题，在数学益智课堂上，借助相关量表工具，运用科学的课堂观察法，进行课例研究。全体数学老师尝试分工合作进行了数据的记录、梳理和分析。

（一）试教课研究

课堂观察结果

为了给后面的研究提供更为准确的分析数据，我们在课堂上进行了问题类型的记录，大、小问题一共是96个，其中包括了老师的课堂追问。后续又比对课堂详细实录，整理汇总成表。

1. 教师提问类型

表2-3-1　C老师试教课提问类型的频次与比例

问题类型	频次	比例
是何类问题	47	49%
为何类问题	5	5.2%
如何类问题	19	19.8%
若何类问题	2	2.1%
常规管理性问题	13	13.5%
无意识问题	10	10.4%

我们对问题的类型进行了统计分析。数据分析显示，在整节课中C教师共提出了96个问题，其中"是何类"问题占据了整节课的大部分，达到了49%，"如何类"和"若何类"这样的迁移性问题占了19.8%和2.1%。经过我们讨论，大家基本认为在这节课中教师还是过多的关注了学生浅层面的认知，大部分的问题还是教师在引导学生从活动中提取简单信息，对于19个大问题中的知识迁移递进的学习有所忽视。

2. 师生对话方式

表2-3-2 C老师试教课师生对话不同方式的频次与比例

观察维度		频次	比例
教师挑选回答问题的方式	提问前先点名	0	0
	让学生齐答或自由答	33	62.26%
	叫举手者答	20	37.74%
	叫未举手者答	0	0
	鼓励学生提出问题	0	0
学生回答的方式	集体齐答	6	12.7%
	讨论后汇报	0	0
	个别回答	21	44.7%
	自由答	20	42.6%
	无人回答	0	0
教师的回应方式	肯定回应	14	37.8%
	否定回应	0	0
	无回应	2	5.4%
	打断回答或教师代答	0	0
	重复学生回答并解释	21	56.8%

通过以上的数据，可以明显看出，教师在整节课中，能够尊重学生的意愿，37.74%选择叫举手者回答问题。同时我们也看到了学生齐答或自由回答占了62.26%，可以看出程老师平时注重学生的自由发展；我们也关注到了没有让未举手的学生回答问题。教学中也可试着让不举手的学生回答一些简单的问题来促进学生的语言思维表达能力，全面提升全体学生思考力。

3. 师生对话深度

表2-3-3　C老师试教课师生对话不同深度的频次与比例

对话深度	频次	比例
一级深度	84	91.3%
二级深度	6	6.5%
三级深度	2	2.2%
四级深度	0	0
五级深度	0	0

从师生对话深度分析这组数据可以看出，一级深度问题占据整节课的91.3%，二级深度占6.5%，三级深度占2.2%，没有四级深度和五级深度的问题。说明本节课师生对话深度基本都聚焦在一级深度和二级深度中，缺乏三级以上深度的问题。这一组数据也与之前的问题类型中"是何类"问题较多不谋而合。

4. 师生课堂行为基本结构

S-T分析法是一种以直观的图形方式分析教学个性的教学分析方法，它将教学过程中各种复杂的行为S（学生）行为和T（教师）行为两个类别与其他分析方法相比大大地减少行为分析记述中记录者主观经验的模糊性，提高了分析过程和记录结果的客观性和可靠性。

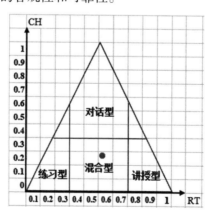

图2-3-1　C老师试教课教学Rt-Ch图

结合S-T图和Rt-Ch图，我们运用S-T分析法，对本节课做出以下分析。以原点为教学的起点，横轴为教师行为时间累积，纵轴为学生行为时间累积（以10秒为一刻度），将采集的S、T数据按顺序在横轴和纵轴上表示，这样就得到了完整的S-T图。S-T曲线可以直观地反映出一节课的师生行为持续时间长短和转换情况，也就是反映出一节课的教学节奏。

Rt-Ch图可以区分四种不同的教学模式：（1）以学生活动为主，且师生活动交换程度较低的练习型教学模式；（2）以教师活动为主，且师生活动交换程度较低的讲授型教学模式；（3）师生活动比例相当，且师生活动交互程度较高的对话型教学模式；（4）师生活动比例相当，但师生活动交互程度较低的混合型教学模式。

《华容道》一课经统计分析，学生行为（S）共121次，教师行为（T）共133次，计算得到教师行为占有率Rt=Nt/N=133/254=52.36%；相同行为连续次数g=73，计算得到行为转化率Ch=（g-1）/N=28.35%。以横轴为Rt，纵轴为Ch绘制Rt-Ch图，这个点落在了混合型区域，因此这节课教学方式属于"混合型"教学模式。点落在混合型区域偏上方的位置，说明这堂课中各种教学行为比例以及教学行为转换频率较均衡。结合本节课的特点，考虑教师行为占有率以及教学行为转化频率偏多一些，一是给学生探究交流的时间偏少，二是不利于培养孩子的思维能力。

小　结

作为"华容道"这节益智课，主要是让学生在探索释放"曹操"的过程中，发现游戏的战略、战术技巧，培养学生的逻辑思维能力和推理能力。这节课应以学生探究的活动为主，同时在交流讨论环节，教师给予学生充足的时间交流并表达自己的观点，教师根据学生的情况适时加以引导。

到底哪种教学模式更符合新课程教学的理念和要求？这是困扰我们的问题？在与许燕博士交流的过程中，她解答了我们的困惑："工具是为课堂服务的，没有哪种模式是绝对好的，作为数学学科，不同类型的课需要采用不同的教学模式。"

在Rt-Ch图中，这个点落在了混合区中部偏上的位置。点在混合型的中部，说明师生行为占有率较为均衡，点落在偏上方的位置，说明这堂课中各种教学行为比例以及教学行为转换频率较均衡。结合本节课的特点，考虑教师行为占有率以及教学行为转化频率偏多一些，一是给学生探究交流的时间偏少，二是不利于培养孩子的思维能力。

本节课教师引导学生探索"华容道"的规律，总结玩法，整堂课从学生的回答中，其实我们能感觉到，学生已经初步进行探索规律的活动，但由于师生交流中，教师设计问题的精准度还不高，导致全课中呈现出的一些教师提问的质量并不高，大部分问题都是针对事实性知识进行提问，是何类问题贯穿了全课。缺乏具有一定思维含量的或者能够引导学生深入学习的问题，师生互动基本以一问一答的形式完成，缺乏教师的有效引导和学生的深入思维，虽然互动频繁但效率却不高。因此在后续我们再次进行《华容道》教学的时候，应该引导学生尝试自主梳理，总结游戏方法，也许学生们的理解比较肤浅，语言不够准确，但是如果能再给他们多一点机会，通过问题撬动学生的思维，让他们以主角的身份去表达、去练习、去总结，一定能促成更大的进步。因为归根到底，他们才是学习的主人。

（二）改进课研究

拥有21年教龄的C老师的教学基本功扎实，能够注重课堂的生成，在备课时对于学生有预设。第二节改进课课堂目标明确，每个问题的设计语言精准性高，课堂上的每个环节都是围绕教学目标展开的。在每一次的师生互动中，教师都由一个个小的问题有意识地引导学生进行深入的思考，在学生活动中不断交流，体会游戏的方法，总结规律，取得了很好的教学效果。

课堂观察结果

1. 教师提问类型

表 2-3-4　C老师改进课提问类型的频次与比例

问题类型	频次	比例
是何类问题	40	54.05%
为何类问题	5	6.76%
如何类问题	17	22.97%
若何类问题	4	5.41%
常规管理性问题	6	8.11%
无意识问题	2	2.70%

根据梳理出的问题详表，我们又对问题的类型进行了统计分析。程老师改进课提出了74个问题，而在各类问题的比例分析中我们可以看出，"是何类"问题都占据了大部分时间。从后面的数据显示可以看出，改进课在"为何类""如何类"和"若何类"的问题占比均高于试教课的比例。经过讨论，大家基本认为在这节课中教师不仅关注了学生浅层面的认知，更多关注了知识迁移递进的学习，提升了课堂教学提问的有效性，从而促进学生主动思考，提升了学生思考力。

2. 师生对话方式

表 2-3-5　C老师改进课师生不同对话方式的频次与比例

观察维度		频次	比例
教师挑选回答问题的方式	提问前先点名	23	31.5%
	让学生齐答或自由答	30	41.1%
	叫举手者答	20	27.4%
	叫未举手者答	0	0
	鼓励学生提出问题	0	0

观察维度		频次	比例
学生回答的方式	集体齐答	20	19.8%
	讨论后汇报	0	0
	个别回答	72	71.3%
	自由答	9	8.9%
	无人回答	0	0
教师的回应方式	肯定回应	20	64.5%
	否定回应	1	3.2%
	无回应	0	0
	打断回答或教师代答	1	3.2%
	重复学生回答并解释	9	29.1%

通过以上两节课的数据对比可以看出，试教课中学生回答问题的方式集体齐答占据了12.7%，改进课中此部分占据了19.8%，提高了7.1个点。而个别回答在试教课中占了44.7%，在改进课中占了71.3%，可以看出C老师在改进课中给了学生更多自我表现的机会。不过，在表2-3-4和表2-3-5中也可以看出教师提出的问题基本以"是何类"问题为主，学生只需要回答是或否，或者能轻易提取出的答案，所以问题可能过于简单，不利于学生的深入思考。而与此同时，教师的回应方式64.5%为肯定回应，整节课否定回应只占3.2%。

3. 师生对话深度

表2-3-6　C老师改进课师生对话不同深度的频次与比例

对话深度	频次	改进课比例	试教课比例
一级深度	39	52.7%	91.3%
二级深度	14	18.9%	6.5%
三级深度	10	13.5%	2.2%
四级深度	8	10.8%	0
五级深度	3	4.1%	0

通过程老师师生对话深度的分析，可以看出在试教课中，一到三级深度的问题贯穿了全课，说明师生对话都聚焦在一二级深度中，缺乏三级以上深度的问题。而改进课中四级和五级深度的问题共占全课的14.9%，与之前数据比对中的"如何类"和"若何类"问题多于试教课也相互吻合。

4. 师生课堂行为基本结构

程老师执教的《华容道》一课经统计分析，学生行为（S）共142次，教师行为（T）共105次，计算得到教师行为占有率Rt=Nt/N=105/247=42.51%；相同行为连续次数g=55，计算得到行为转化率Ch=（g-1）/N=21.86%。以横轴为Rt，纵轴为Ch绘制Rt-Ch图，这个点落在了混合型区域，因此这节课教学方式属于"混合型"教学模式。

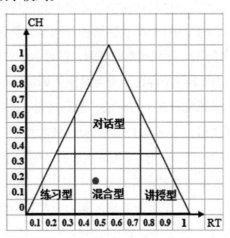

图2-3-2　C老师改进课教学Rt-Ch图

在Rt-Ch图中看出，这个点落在了混合区中部偏左的位置。点在混合型的偏左位置，说明课堂上学生行为占有率比较高，点落在偏中间的位置，说明这堂课中师生教学行为转换频率处于中等水平。

对比裸课和改进课的S-T数据，虽然两节课都属于混合型模式，但是课堂上学生行为占有率比之前有所提高，而师生教学行为转换频率有所降低。可以看出在本节课中，教师结合对裸课数据的分析尝试调整了教学策略。

我们可以想象，一节课如果教师行为占用时间长，且师生教学行为转换频率高，容易成为一问一答，以教师为主导的"对话式"课堂。当然也不是说学生行为占用时间越长越好，师生教学行为转换率越低越好，教师在课堂上对学生适时适度的引导是非常有必要的，及时对学生的探究活动进行总结提升，更有利于激发学生的深度思考，发展学生的思维。

比较结论与改进建议

在本次的教学中，C老师关注到了设计问题的精准性以及与学生之间互动的频率和效果。尤其是在问题设计方面，调整了提问方式，去掉可有可无的问题，把常规问题进行合理整合，加大了"思考性问题"的比例，留给了学生独立思考的空间，最大限度地调动学生思维的积极性，提高课堂提问的有效性。教师提问方式由提问频率高、问题碎片调整为整合问题，提问频率降低，给学生留出思考问题、探究问题的时间，促进学生思考力的提升和发展。

本节课学生是初次学习华容道，很容易陷入困境无法移动棋子，从而丧失信心。C老师将本节课定位在了解玩法、激发兴趣、探究破解简单易于操作的"巧过五关"的布局上，从而锻炼学生的思维能力。

考虑到学生的学习过程必须是要先能破解，才能考虑优化。所以C老师把"曹操如何脱逃"作为本节课的研究内容，而把"最少步骤"这个要求放在后续的课时中再次探究，方便学生能够把注意力全都集中到"如何移动"而不是"怎样移动"更好上，让思考更加有针对性。

在探究过程中，引导学生抓住"小兵"的特点，选取容易出现问题节点，通过探究节点中棋子的移动方法，让学生逐步学会分析和反思，推断和预判，锻炼学生的逻辑思维能力。

本节课上师生互动频繁，在围绕破解与优化进行探究过程中，C老师给予了学生讨论的空间，利用有效的数学问题，引导生生间进行操作、互动、交流、探究，并且有意识引导学生能够自己提出有价值的问题，促进了学生思考力的发展。

本节课在设计课堂问题前，教师先订立清晰的教学目标。在设计课堂问题时，教师能扣紧教学目标，把重点放在有助于完成教学目标的问题上。根据教学目标选择重要的问题，减少过多的提问，提高提问认知层次，删减了原来一些欠焦点、欠目标、随意的或对显性事实的提问。增加了针对核心问题的辅助性问题的启发性，在每次的师生对话中都给予了学生思维的空间，培养了学生高层次地思维能力。

小　结

华容道游戏布局多变，奥妙无穷，破解方法没有一定之规，玩法就是通过两个空格移动棋子，用最少的步数把曹操移到最下方的中部。首先，不同的布局有不同的破解方法，不同的移动方式又会带来千差万别的结果。因此，本节课课堂提问的精准性还有待继续研究。

其次，课堂上讲什么，怎么讲，如果让学生随意破解，大家的移动方式不一样，很难抓到共同的特点来研究探讨，总结方法。如果直接把移动的步骤告诉学生，他们只是单纯的记住了某一布局的破解路径，并不能在思维上得到很好的训练。如何能够激发学生学习的兴趣，让学生既学会玩法，又能在其中得到思维的训练呢？这是C老师本节课一直思考的问题。

最后，在有限的一堂课内，教师不可能提很多高层次问题。相反，只有低层次问题，由于问得简单、直接，学生很快能找到答案，很易出现"满堂问"现象。本节课的数据分析显示可以看出，虽然有意识地减少了低层次问题，增加了高层次问题设计，对于不同认知程度的学生进行关注度还不够，导致整节课中会有部分学生没有存在感。

三、结论与启示

1. 充分利用益智器具，激发学生学习兴趣，在教师巧妙问题引导下，学生充分思考，大胆交流，不断探究，提升思维能力。

新课程理念下的课堂教学是一种沟通、理解和创新的过程。通过学生主动地思维活动，把知识变成自己的"学识""主见"和"思想"。课堂提问是一种最直接的师生双边活动，是教学中使用频率最高的教学手段，是开启学生智慧之门的钥匙，是信息输出与反馈的纽带，是教师在组织、引领和实施教学过程中不可或缺的教学行为。教师恰到好处的提问，可以启迪学生的思维和智慧，激发学生的兴趣和思考，调节课堂氛围和师生关系；学生恰到好处的提问，可以使学生逐渐养成发现问题、解决问题的能力，认识到自己学习上的优势，激发学生的潜能。课堂教学要发挥学生的主体作用，培养学生的思维能力，提升学生的思考力，必须提高课堂提问的有效性。

2. 一节课时间有限，每一节课都有一定的教学目标和教学要求，因此老师的提问不能太宽，漫无边际；也不能太碎，不得要领。

要适时适度地把学生的思维引向教学目标的要求，这就需要教师在设计教学时，非常明确本节课的教学目标，明确教学重点和难点。教师要有机地在知识的重难点处精心地设计提问引起学生的注意和兴趣，解决学生在学习上的疑难困惑，使学生更加准确地理解知识，探究知识，提升思考力。

在课堂提问时，利用学生已有认知设置矛盾冲突，一方面可以强化学生的思维注意，使他们的注意力更加集中，时刻保持思维上的警觉，积极思考并回答老师提出的每一个问题。另一方面，矛盾的设置能够让学生产生认知冲突，激活学生大脑中已有的知识储备，迅速对相关信息进行筛选和运用，形成解决新知识的方法和能力，在这样的过程中，学生的思维得到发展，解决问题的能力也得到了提高。

第三章

其他学科课例研究“进行时”

第一节　小学英语四年级Jobs课例研究

——英语教学中提升师生课堂互动质量的教学实践研究

研究团队：边蕊　吕琳　杨眉　曲迪　朱晓颖

执笔人：路淼

一、研究背景

《英语课程标准》倡导教师要面向全体学生，努力营造和谐的课堂气氛，组织多种形式的课堂互动，鼓励学生通过观察、模仿、体验、探究、展示、表演等方式学习和运用语言，尽可能多地为他们创设语言实践机会，引导学生学会自主学习和合作学习。为了提升学生学习的主动性就必须研究课堂提问有效性以及师生课堂互动的质量，从而充分调动起学生学习的主动性和积极性，引发学生思考，激发兴趣，变被动听讲为主动学习最终达到学生思维和英语语言运用能力的综合提高。

词汇教学是英语教学中的关键环节，也是培养和训练学生其他语言能力的基础。词汇学习不只是学习单词的音、形、义，更主要的是学会在听、说、读、写中对所学的单词加以应用。就学校环境而言，词汇学习是指学生在正式的课堂学习中有意识地学习词汇知识的过程，包括词汇读音、拼写、语义和语用等知识。由于英语学习缺少运用的环境，所以许多学生学习英语词汇的主动性不强，多习惯于课堂上被动学习，对教材和老师的依赖性很强。

研究选取了人民教育出版社义务教育教科书《英语（一年级起点）》四年级上册第六单元Jobs。本单元的教材内容主要是学习职业名称，了解不同职业的职责范围，尝试根据自己的特长和兴趣爱好选择职业理想，并对职业理想进行表达。试课的内容为本单元第一课时，是一节词汇新授课。本课ABC三个部分之间是从听说词汇的练习到交际用语的运用，最后落实到书写输出。学生的能力在一步步提高。

二、研究的过程

（一）试教课研究

2019年11月4日我们进行了第一次试教课。本次课是由教学经验较为丰富的Q老师担任。Q老师为本节课确立了以下教学目标，即：能够听懂会说nurse, cook, doctor, bus driver, police officer, taxi driver, farmer, worker等表示职业的词汇；能够根据语境恰当使用它们，并能借助拼读规律认读和初步识记单词以及掌握动词+后缀er的构词法；能在猜谜的真实情境中用Is she/he a/an...? 询问交流他人的职业；能够发散思维，通过与小组合作，创编谜语，养成良好的英文书写习惯；能够在教师提供的学校生活及日常生活中的真实情景图片中，体会到我们的生活离不开各行各业的劳动者，感受他们的劳动给自己带来的方便，自觉珍惜劳动者的劳动成果，并对不同劳动者充满崇敬和热爱。

为了达成教学目标，设计了以下教学环节：热身导入，学生说唱歌谣激活已知，引出本单元课题Jobs；新知呈现，在真实生活情境中全方位整体感知本课的词汇；词汇教学，帮助学生理解单词含义，引导学生掌握学习策略；巩固操练，猜职业的活动帮助学生突破重难点，为语言输出做铺垫；运用展示，通过创编谜语的活动，激发学生兴趣，鼓励学生发散性思维，丰富介绍职业的英文语言。

课堂观察结果

1. 教师提问类型

Q老师整节课共提出了30个问题，其中"是何类"问题占据了绝大部分，达到了80%，而"为何类""若何类"和"如何类"问题却没有。

表3-1-1 Q老师提问类型的频次与比例

问题类型	频次	比例
是何类问题	24	80%
为何类问题	0	0
如何类问题	0	0
若何类问题	0	0
常规管理性问题	6	20%
无意识问题	0	0
合计	30	100%

以下为梳理出来的问题详表：

表3-1-2 Q老师试教课的问题简述

问题序号	问题简述
1	What do these words in common?
2	追问：How about these words?
3	Have you ever been there before?
4	What jobs do they want to try?
5	Do you think it is interesting?
6	Have you got the right answers?
7	Who is he?
8	What jobs does he want to try?
9	What is he doing?
10	What can they do?
11	What is this?

问题序号	问题简述
12	Who is she?
13	Do you want to eat?
14	What does she want to be?
15	追问：What can a cook do?
16	Who can help me?
17	Where can I go ?
18	Who is she?
19	追问：What can a doctor do?
20	Do you know her?
21	追问：What can a nurse do?
22	Where are they?
23	追问：What can a farmer do?
24	What are they doing?
25	Who works here?
26	追问：What can police officer do ?
27	追问：What other jobs do you know?
28	Who made this place clean?
29	Can you ask a question?
30	Do you like making riddles?

2. 师生对话方式

Q老师在整节课中，让学生齐答或自由答的问题占44.94%，叫举手者答的问题占21.35%，鼓励学生提出问题的占8.99%。与教师挑选回答问题的方式相呼应，学生集体齐答占35.4%，讨论后汇报占27%，个别回答占29.2%，自由答占6.3%。教师肯定回应占96.9%，没有无回应，重复学生回答并解释占1%。

表 3-1-3　Q老师试教课师生对话不同方式的频次与比例①

观察维度		频次	比例
教师挑选回答问题的方式	提问前先点名	0	0
	让学生齐答或自由答	40	44.94%
	叫举手者答	19	21.35%
	叫未举手者答	22	24.72%
	鼓励学生提出问题	8	8.99%
学生回答的方式	集体齐答	34	35.4%
	讨论后汇报	26	27%
	个别回答	28	29.2%
	自由答	6	6.3%
	无人回答	2	2.1%
教师的回应方式	肯定回应	93	96.9%
	否定回应	0	0
	无回应	0	0
	打断回答或教师代答	2	2.1%
	重复学生回答并解释	1	1%

3. 师生对话深度

师生对话深度的这组数据显示，一级深度问题占据整节课的76.7%，二级深度占20%，三级深度占3.3%，没有四级深度和五级深度的问题。

表 3-1-4　Q老师试教课师生对话不同深度的频次与比例

对话深度	频次	比例（%）
一级深度	23	76.7%
二级深度	6	20%
三级深度	1	3.3%
四级深度	0	0
五级深度	0	0

---

① 部分比例数据总和不等于100%，是由于保留1位小数的四舍五入方法所致。

4. 师生课堂行为基本结构

S-T分析间隔10秒采一次样，学生行为（S行为）共136次，教师行为（T行为）共119次，教师行为占有率Rt=Nt/N=119/255=46.7%。

相同行为连续次数g=77，计算得到行为转化率Ch=（g-1）/N=29.8%。以横轴为Rt，纵轴为Ch绘制Rt-Ch图，这个点落在了混合型区域，因此这节课教学方式属于"混合型"教学模式。

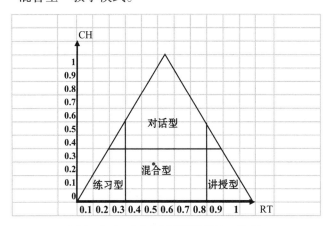

图 3-1-1　Q老师试教课教学Rt-Ch图

教学探索值得肯定的方面：

从课堂观察数据来看，教师鼓励学生通过观察、模仿、体验、探究、展示、表演等方式学习和运用语言，尽可能多地为他们创设语言实践机会，鼓励学生学会提问，从而引导学生自主学习和合作学习。

问题诊断与改进建议

1. 问题结构

"是何类"问题所占比例过大，而"为何类"问题、"如何类"问题、"若何类"问题均未涉及。教师在调动学生思维深度的层面做得还不够好，要适当增加对应策略性知识的"如何类""为何类""若何类"问题。

2. 理答方式

在学生回答问题的方式中，"集体齐答"比例较高，而"个别回答"仅占29.2%，这与问题类型相关，应通过调整问题结构，增加问题难度，并有针对性地加以追问，从而增加"个别回答"的比率。课堂上叫未举手者回答问题次数多于叫举手者回答的人数，教师应再进一步调动学生的积极性，让更多的同学可以积极主动地参与课堂。

3. 师生对话深度

师生对话深度基本都聚焦在一级深度和二级深度，缺乏三级以上深度的问题。这一组数据与之前的问题类型中"是何类"问题较多不谋而合。要梳理问题与问题之间的逻辑关系，抓住学生的思维进行有效的追问从而帮助学生拓展思维空间。例如，在学习police officer一词时：

T：Who works here?

S：Police officer.

T：What can a police officer do ?

S：They can help people.

T：What other jobs do you know?

S：Cook, cleaner, doctor, driver...

教师已经引导学生拓展思维空间，询问学生还知道哪些职业。此时如果教师再继续追问What do you want to be in the future? And Why?（你将来想做什么职业？为什么选择这个职业？）就可以更有效地加深入对话，通过联想、批判等思考策略深化对职业的认识与理解。

4. 师生课堂行为基本结构

整堂课属于"混合型"教学模式。教师行为占师生总行为的46.7%，教师行为与学生行为基本各占一半课堂时间。要体现学生课堂的主导性，还需要进一步降低教师行为比例。

小 结

由于教师设计问题的深度不够，导致全课中的30个教师提问的问题质量不高，有待调整，大部分问题都是针对事实性知识进行提问，缺乏具有一定思维含量的或者能够拓展学生思维空间的问题。师生互动基本以一问一答的形式完成，缺乏教师的有效引导和学生的深入思考，虽然互动频繁但质量和深度有待提升高。

（二）改进课研究

2019年12月6日，我们进行了第二次对照课。对照课仍是由同一位老师进行执教。教师执教相同的课题。Q老师为本节课确立了以下教学目标：能够听懂会说nurse, cook, doctor, bus driver, police officer, taxi driver, farmer和worker等表示职业的词汇；能够根据语境恰当使用它们，并能借助拼读规律认读和初步识记单词以及掌握动词+后缀er的构词法；能在猜谜的真实情境中用Is she/he a/an...? 询问交流他人的职业；能够发散思维，通过与小组合作，创编谜语，养成良好的英文书写习惯；能够在教师提供的学校生活及日常生活中的真实情景图片中，体会到我们的生活离不开各行各业的劳动者，感受他们的劳动给自己带来的方便，自觉珍惜劳动者的劳动成果，并对不同劳动者充满崇敬和热爱。

为了达成教学目标，整堂课包含了5个教学环节：热身导入，学生说唱歌谣激活已知，引出本单元课题Jobs；新知呈现，在真实生活情境中全方位整体感知本课的词汇；词汇教学，帮助学生理解单词含义，引导学生掌握学习策略；巩固操练，猜职业的活动帮助学生突破重难点，为语言输出做铺垫；运用展示，通过创编谜语的活动，激发学生兴趣，鼓励学生发散性思维，丰富介绍职业的英文语言。

·课堂观察结果

根据课堂实录梳理结果，Q老师整节课中提出了43个问题，详见下表。

表 3-1-5　Q老师改进课的问题简述

问题序号	问题简述
1	What do these words have in common?
2	This word is different. Do you know?
3	Would you want to try some new words ?
4	Have you finished ?
5	Have you got the right answers?
6	Where is it?
7	What is Yaoyao trying to be ?
8	How about Lily ?
9	What jobs do they want to try?
10	Have you got the right answers?
11	Who is he ?
12	What jobs does he want to try?
13	What can they do?
14	Do you want to be a driver ?
15	What's his job ?
16	Who is she ?
17	What is her job?
18	What can a cook do ?
19	Who can help me ?
20	Who is she ?
21	What can a nurse do ?
22	Do you know this method ?
23	Who is the king of Chinese Medicine ?
24	What methods do Traditional Chinese Medicine include ?
25	Have you got the right answer?
26	Where is it ?
27	Who works at the farm ?
28	What can a farmer do ?
29	Do you want to be a farmer ?
30	Why ?
31	Who are they ?
32	What are they trying to be ?
33	What are they doing ?
34	Where is it ?

问题序号	问题简述
35	Who works here?
36	What can a police officer do?
37	The street is clean. Who cleaned the street?
38	What other jobs do you know?
39	Do you want to have a look about other interesting jobs?
40	Do you think they are interesting?
41	Do you like games?
42	What is his job?
43	Have you got the right answer?

1. 教师提问类型

老师在此次试课中提出了43个问题，教师添加了"为何类"的提问，帮助学生拓宽思维，引导学生更好地理解职业的价值和劳动的意义。此外，常规类问题也比第一次多出6次，可以看出教师在课堂上与学生的互动也有所增加，教师在课堂上更加关注学生。

表3-1-6 Q老师改进课提问类型的频次与比例

问题类型	频次	比例（%）
是何类问题	30	69.8%
为何类问题	1	2.3%
如何类问题	0	0
若何类问题	0	0
常规管理性问题	12	27.9%
无意识问题	0	0
合计	43	100%

2. 师生对话方式

改进课中教师没有出现打断学生回答或者代替学生回答的现象，而且在"教师回应方式"中，解释学生作答的比例提升为7.1%。教师在课堂中给予学生更加充分的时间让他们独立思考问题，教师更加关注学生思维的过程和完整性。

表 3-1-7 Q老师改进课师生对话不同方式的频次与比例

观察维度		频次	比例（%）
教师挑选回答问题的方式	提问前先点名	0	0
	让学生齐答或自由答	38	50.7%
	叫举手者答	31	41.3%
	叫未举手者答	0	0
	鼓励学生提出问题	6	8%
学生回答的方式	集体齐答	30	42.86%
	讨论后汇报	12	17.14%
	个别回答	19	27.14%
	自由答	8	11.43%
	无人回答	1	1.43%
教师的回应方式	肯定回应	65	92.9%
	否定回应	0	0
	无回应	0	0
	打断回答或教师代答	0	0
	重复学生回答并解释	5	7.1%

3. 师生对话深度

在调整后的教学设计中，教师明显增加了三、四、五级的师生对话深度，有效拓展学生的思维并引导学生更加深入地进行一轮对话的思考，教师通过提升课堂提问的质量更加有意识地关注学生思维品质的发展。

表 1-1-8 Q老师改进课师生对话不同深度的频次与比例

对话深度	频次	比例
一级深度	24	55.8%
二级深度	9	20.9%
三级深度	7	16.3%
四级深度	2	4.7%
五级深度	1	2.3%

在学习farmer一词中，教师在真实的情境下询问Where is it? 待同学们回答出farm后，教师继续询问Who works at the farm? 当同学们自然输出farmer这个单词后，教师追问What can a farmer do?在和同学们互动The farmer can plant... 后，教师继续追问Do you want to be a farmer？教师没有把对话停止在Yes/No 的层面，而是继续引发学生思考，并提问Why? Q老师就是这样一步步引出单词的学习，并通过深度对话引导学生多方位思考famer的含义和价值，渗透职业的价值观。通过深度对话，学生可以真正体会到生活中我们离不开各行各业的劳动者，并由衷地发自内心地感恩他们，并尊重珍惜他们的劳动成果。

4. 师生课堂行为基本结构

改进课Unit6 Jobs,Lesson1经统计分析，学生行为（S）共149次，教师行为（T）共91次，计算得到教师行为占有率Rt=Nt/N=91/240=37.9%；相同行为连续次数g=70，计算得到行为转化率Ch=（g-1）/N=28.8%。以横轴为Rt，纵轴为Ch绘制Rt-Ch图，这个点落在了练习型区域，因此这节课教学方式属于"练习型"教学模式。

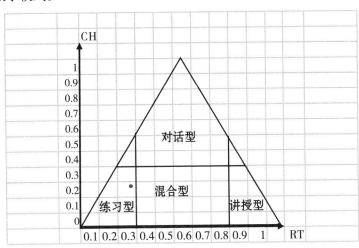

图3-1-2 Q老师改进课教学Rt-Ch图

教学探索值得肯定的方面

在改进课中，教师在中华传统文化与英语学习相结合的方面有自己的思考，并在课堂教学中有适当地体现，可以看到教师具有良好的文化教学意识。此外，教师特别关注了师生对话的深度，对于课堂提问的有效性也给予高度重视。课堂提问的设计可以更好地拓展学生思维空间，学生思维品质在第二次试课中有了更深入的培养。

比较结论与改进建议

1. 问题结构

Q老师的改进课与之前试教课相比，调整了问题结构，减少了"是何类"问题。增加的"为何类"问题和"常规性管理类"问题，分别占整节课的2.3%和27.9%。但整堂课还是倾向于"是何类"问题，"是何类"问题占整节课的69.8%。

2. 理答方式

在理答方式上，Q老师增加了课堂上"叫举手的同学回答"的方式，减少了"同学齐答"的方式。Q老师在课堂上"叫举手的同学回答"的比例提升了20%。在第改进课中，教师不再出现打断学生回答或者代替学生回答的现象。较之前的试教课有了很大的改变。

3. 师生对话深度

通过Q老师试教课和改进课的数据对比可以看出，在改进课中师生对话深度产生了较为明显的改变，教师增加了二级、三级、四级、五级深度对话。其中三级深度对话比例提升了13%。整堂课中教师给予学生充分的时间让他们独立思考，Q教师更加关注学生思维空间的拓展以及学生思维的完整性。

4. 师生课堂行为基本结构

教师行为占师生行为总和的37.9%，较第一次降低了8.7%。由此看出，此次改进课Q老师能够关注到学生，提升了学生课堂学习的主动性。本节课属于

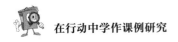

"练习型"教学模式。同时从师生转换频率上可以看出，师生行为转换率降低了1%，教师也减少了一些碎问碎答的现象。

小　结

此次改进课比之前的试教课有了很多改变，从问题结构到师生对话的深度都有相应的调整。Q老师需继续完善课堂提问的有效性和提问质量，尽量避免碎问碎答，从而降低师生行为转换。

三、结论与启示

这次以四年级上册Unit 6 Jobs,Lesson1这一课为例，在多次的数据对比中也给我们带来了许多的思考和启发。教师在问题的结构和师生对话的深度有所改进之后，通过数据显示，改进课的学生学习主动性有了明显提升。由此可见，课堂提问的有效性对学生学习的主动性和积极性有重要影响，特别值得教师关注。我们发现可以从以下几个方面来提升课堂提问有效性。

（一）引导式提问

设计系列、层层递进、相互紧密关联的问题，引导学生逐步深入思考。在Q老师改进课中，以引导提问的方式来进行词汇的学习。例如，在学习driver一词的时候，教师提问：Who is he? What job does he want to try? What can they do ?Do you want to be a driver?问题的设计层层递进，不仅引入词汇新授更加深了学生对于driver的职业认知。

（二）启发式提问

在巩固复习词汇时，教师不直接给出答案，而是让学生在相应的真实语境中自己思考。启发式提问让学生记忆更加深刻。例如在复习cleaner一词中，教师的问题是这样设计的：The street is clean . Who made it clean? 学生自然通过教师引导回答出 cleaner 一词。

（三）交流式提问

对于没有标准答案的问题，可采用交流式提问的方法，给学生充分的机会发表自己的看法。例如，在Q老师的复习环节，老师提问What other jobs do you know? Do you want to have a look about the other interesting jobs? Do you think they are interesting? 通过交流，学生感受被尊重的同时也会对本单元主题"职业"有更加深刻、更多元化的理解。

第二节　小学音乐四年级《采茶扑蝶》课例研究

——课堂教学中提升师生互动质量的研究

研究团队：程立、马惠青、肖爱萍、魏海凤、步兵

执笔人：许伟

一、研究背景

"课例研究"是指围绕一堂课的教学在课前、课中、课后所进行的种种活动，包括研究人员、上课人员与他的同伴、学生之间的沟通、交流、对话、讨论。课例是关于一堂课的教与学的案例。它是教师在校本研修中研究改进课堂教学的主要形式，是教师专业成长的重要途径，是教学相长的必经阶梯。学校开展音乐学科的课例研究，为教师的专业发展搭建平台。

在《音乐课程标准》中指出音乐是听觉艺术，教师要引导学生喜爱音乐，加深对音乐的理解，充分挖掘作品所蕴含的音乐美。音乐教学是一个使学生身心主动参与的过程，在这个过程中不能只限于一种教学方式，更不能拘泥于某种教学模式，而应以灵活、有趣的教学手段，引导学生主动参与发展自己的个性，激发学习音乐的兴趣和热情，培养高尚的审美情趣和审美意识。提高音乐的综合素质，使其成为学习音乐、驾驭音乐的主人。

二、研究过程

（一）试教课研究

本次课例研究，首先确定了由音乐X老师进行授课，授课内容为人民音乐出版社北京教材四年级上册第六单元中欣赏曲目《采茶扑蝶》，X老师三个维度设计了教学目标，分别是"情感·态度·价值观"目标：感受乐曲中长笛、竖琴、大提琴的音色，能够通过欣赏乐曲对民族音乐产生浓厚的学习兴趣；"过程与方法"目标：在视频导入、整体聆听、分主题聆听、识读乐谱、表演等教学环节，采用对比、模仿、体验、感受等方式，引导学生听辨乐器的音色，发现主题的变化；"知识与技能"目标：能够听辨音乐主题，了解民族音乐旋法展开的形式，如转调、加花变奏。

为了达成教学目标：又设计了视频导入、整体聆听、分主题聆听、识读乐谱、表演等教学环节。

课堂观察结果

1. 教师提问类型

数据分析显示，在整节课中教师共提出了20个问题，在这20个问题中"是何类"问题9个，占比为45%；"为何类"问题3个，占比15%；"如何类"问题7个，占比35%；"若何类"问题1个，占比5%。

表 3-2-1　X老师试教课提问类型的频次与比例

问题类型	频次	比例
是何类问题	9	45%
为何类问题	3	15%
如何类问题	7	35%
若何类问题	1	5%
常规管理性问题	0	0
无意识问题	0	0
合计	20	100%

以下为梳理出来的问题详表：

表 3-2-2　X老师试教课的问题简述

问题序号	问题简述
1	观察乐谱第一个音唱什么？
2	观察乐谱你有什么发现？
3	（节奏）有什么特点？特点是什么？
4	乐曲中出现了几次主题旋律？
5	聆听这四个音乐主题的时候，它们是完全重复的吗？
6	第一次出现的音乐主题，你能听出什么，认真聆听？
7	再来听听是不是弦乐器？是什么乐器？
8	请你对比聆听第二次出现的音乐主题，你能听出它有哪些不同之处，看看能不能听出来？
9	是什么高了？是调高吗？是哪里不同？是什么乐器？
10	与第一主题有什么不一样的地方？
11	还有什么与刚才的主旋不一样？情绪有什么变化？
12	再次聆听第三段音乐主题，看看你还有什么发现。
13	认真聆听这一段，看你还有什么发现？
14	有什么不同？哪里的旋律相同？这里有副旋吗？
15	在它之后是什么旋律？
16	那谁还听出来了？你看，什么变化了？你说。
17	最后一个音乐主题，请你认真聆听音乐的主旋，有什么变化。
18	主旋发生的什么变化？副旋有什么变化？
19	下面我们来完整地聆听全曲，看看除了 A、B、A 三段，你还能听出什么。
20	采茶人或者是采茶姑娘她们的采茶动作，你们想不想学一学？

2. 师生对话方式

根据音乐欣赏课的特点，X教师挑选回答问题的方式数据显示，让学生齐答或自由答的问题占15%，叫举手者答的问题85%。与教师挑选回答问题的方式相呼应，学生集体齐答占5%，个别回答占85%，自由答占10%。教师肯定回应占65%，教师否定回应占10%，重复学生回答并解释占25%。

表 3-2-3　X老师试教课师生对话不同方式的频次与比例

观察维度		频次	比例
教师挑选回答问题的方式	提问前先点名	0	0
	让学生齐答或自由答	3	15%
	叫举手者答	17	85%
	叫未举手者答	0	0
	鼓励学生提出问题	0	0
学生回答的方式	集体齐答	1	5%
	讨论后汇报	0	0
	个别回答	17	85%
	自由答	2	10%
	无人回答	0	0
教师的回应方式	肯定回应	13	65%
	否定回应	2	10%
	无回应	0	0
	打断回答或教师代答	0	0
	重复学生回答并解释	5	25%

3. 师生对话深度

师生对话深度的这组数据显示，一级深度问题占据整节课的55%，二级深度占40%，三级深度占5%，没有四级深度和五级深度的问题。

表 3-2-4　X老师试教课师生对话不同深度的频次与比例

对话深度	频次	比例
一级深度	11	55%
二级深度	8	40%
三级深度	1	5%
四级深度	0	0
五级深度	0	0

4. 师生课堂行为基本结构

在授课过程中，我们进行S–T采样，以10秒为单位进行师生活动记录，对师生课堂活动情况进行编码分析。

依据采样记录结果，利用公式进行测算：

S–T分析显示，学生行为（S）共120次，教师行为（T）共159次，计算得到教师行为占有率Rt=Nt/N=159/279=57.0%；

相同行为连续次数g=47，计算得到行为转化率Ch=（g–1）/N=16.5%。以横轴为Rt，纵轴为Ch绘制Rt–Ch图，这个点落在了混合型区域，因此这节课教学方式属于"混合型"教学模式。

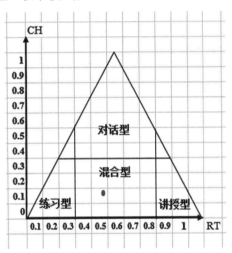

图 3-2-1　X老师试教课教学Rt-Ch图

教学探索值得肯定的方面

整节课，教师对音乐作品的结构有清晰的思路，教学中能够围绕音乐本体进行聆听欣赏，目标明确。教师在教学中旋律范唱与自制教具相结合的方式，使学生从听觉、视觉来感受与体验音乐主题的特点，课堂提问能够根据学生理解的情况，对学生回答内容进行深挖掘，使学生对音乐结构的理解更加的深入，整节课教师能够从学生的角度出发，体现了以学生为主体的教学理念。

问题诊断与改进建议

1. 问题结构

"是何类"问题所占比例过大,而"为何类"问题和"如何类"问题所占比对例过小。但是由于音乐学科的特点是通过听觉感知音乐,若问题设计得太难,就不利于学生聆听思考、提出问题和解决学习中的重难点。

2. 理答方式

在教学环节中回答问题的方式比较单一,指名回答占比85%,没有讨论后回答问题的方式。在问题回应中,教师出现了否定回答的现象,但是否定是让学生知道知识的正确性,当然否定回应也需要教学艺术避免学生的挫败感。教师"重复学生回答并解释"所占比例较高。课堂上有的学生回答得好,有的学生回答得不好。要调动学生积极性,通过生生互动来回应与评价,从师生评价走向生生评价,避免一直"重复学生回答并解释"。同时,"未举手回答"比例要提高,要关注和了解学生的学情。

3. 师生对话深度

根据音乐欣赏课的特点,教师注重音乐表现要素的体验与感受,忽略了学生音乐创作能力的培养。根据数据可以看出,本节课师生对话深度基本都聚焦在一级深度和二级深度中,缺乏三级以上深度的问题。

教师:看节奏变成什么了?是紧凑的16分音符节奏。那我们来看看主干音(演唱),音多了吧,更丰富了,我们把它称之为变奏,在音乐创作中大量出现的。那么副旋当中你们有没有听到变化?副旋,长笛演奏的,与原来的主题一样就演奏一次吗?

学生:不是。

在这个环节的师生对话中,教师应该在学生知道了解旋律的变奏的创作中,展示自己的旋律创作能力,从而培养学生音乐创作的能力,但是这个对话中很明显地发现教师忽略了音乐创作的时机。

4. 师生课堂行为基本结构

整堂课教师行为占有率57.0%；转化率16.5%，属于"混合型"教学模式，这样的结构也是音乐课的授课形式决定的。其实通过这次的统计分析，我们发现音乐学科T（教师）的行为，不单单是讲授，还有与学生共同完成的演唱，共同完成的音乐活动等。S（学生）的行为也不是简单思考然后回答问题，而是参与音乐实践活动的所有行为。

小 结

根据音乐学科的特点，听觉艺术重在聆听，应该使学生在课堂中用不同的方式参与聆听的过程，所以这节课问题的设计应该使问题的指向性更加明确，便于学生的理解与思考。然后增设小组合作学习的教学环节，使学生在聆听的过程中能够通过交流探讨的方式来解决问题，从而增加学生合作学习的意识。在教学中增加音乐创作环节也是非常重要的，这样的设计可以验证学生对刚学习的音乐知识的掌握情况，提升学生的音乐创作能力。总之，课堂中应当多为学生提供学习、讨论、探究的机会，使他们成为真正的课堂主导者。

（二）改进课研究

2019年12月20日，X老师针对上次试教课出现的问题进行了改进，本次课例研究的内容同样是，人民音乐出版社北京教材四年级上册第六单元中欣赏曲目《采茶扑蝶》，X老师从三个维度设计了教学目标，分别是"情感·态度·价值观"目标：感受乐曲中长笛、竖琴、大提琴的音色，能够通过欣赏乐曲对民族音乐产生浓厚的学习兴趣；"过程与方法"目标：在视频导入、整体聆听、分主题聆听、识读乐谱、表演等教学环节，采用对比、模仿、体验、感受等方式，引导学生听辨乐器的音色，发现主题的变化；"知识与技能"目标：能够听辨音乐主题，了解民族音乐旋法展开的形式，如加花变奏。但知识目标去掉了转调，保留了加花变奏，也是教学中的难点。

为了达成教学目标：又设计了视频导入、整体聆听、分主题聆听、识读乐谱、表演等教学环节。

课堂观察结果

1. 教师提问类型

根据梳理出的问题详表，我们对问题的类型进行了统计分析。数据分析显示，在整节课中教师共提出了21个问题，在这21个问题中是何类问题20个，占比为95%；为何类问题1个，占比4.8%；没有如何类问题和若何类问题。

表 3-2-5　X老师改进课与试教课提问类型比例对比

问题类型	改进课频次	改进课比例	试教课比例
是何类问题	20	95.2%	45%
为何类问题	1	4.8%	15%
如何类问题	0	0	35%
若何类问题	0	0	5%
常规管理性问题	0	0	0
无意识问题	0	0	0
合计	21	100%	100%

根据课堂实录梳理结果，X老师整节课共提出了21个问题，详见下表。

表 3-2-6　X老师改进课的问题简述

问题序号	问题简述
1	在聆听的过程当中，请你认真听歌曲当中表现的是什么？
2	那你来观察一下我们的旋律当中哪些节奏出现的次数比较多呢？
3	聆听乐曲，乐曲当中是由这些乐器演奏的？你能不能记住它的演奏顺序？
4	这些是用什么演奏的？

问题序号	问题简述
5	老师哼唱的是乐曲的哪部分的旋律?
6	你感觉这个旋律给你带来的情绪是怎样的?
7	下面请你来聆听全曲,当听到主旋时举手。
8	这段旋律你熟悉吗? 唱过吗?
9	这一段旋律是由什么演奏的?
10	请你以小组讨论的方式完成学习单上的内容?
11	第二音乐主题当中变成了竖琴演奏,我们来看它的旋律有什么变化?
12	它有什么变化? 哪里有变化?
13	给你的感受是什么?
14	聆听第三音乐主题,我们看一看它的演奏旋律是什?
15	我们来看一下我们的旋律当中,你还听出来什么变化?
16	采茶当中还有什么场景,用这个旋律可以创作一段?
17	请你聆听这段旋律是用什么乐器演奏的与哪段旋律相似?
18	演奏乐器是什么呢? 主旋是长笛吗? 间奏呢? 没有间奏那有什么? 有副旋还是怎么样?
19	完整聆听全曲你还听出了什么旋律? 在乐曲的什么位置上?
20	还有其他的旋律吗? 在我们的副旋结束后面有没有其他的旋律?
21	整首乐曲前面还有什么? 我们的 A 乐段后面还有旋律,我们称之为什么呢?

2. 师生对话方式

改进课中,X教师让学生齐答或自由答的问题占9.5%,叫举手者答的问题85.7%。提问前点名占4.8%,学生回答的方式中学生集体齐答占4.8%;讨论后汇报占4.8%,个别回答占85.6%,自由答占4.8%。教师肯定回应占57.1%,教师否定回应占9.5%,无回应占4.8%,重复学生回答并解释占28.6%。

表 3-2-7　X老师改进课与试教课师生对话方式的比例对比

观察维度		频次	改进课比例	试教课比例
教师挑选回答问题的方式	提问前先点名	1	4.8%	0
	让学生齐答或自由答	2	9.5%	15%
	叫举手者答	18	85.7%	85%
	叫未举手者答	0	0	0
	鼓励学生提出问题	0	0	0
学生回答的方式	集体齐答	1	4.8%	5%
	讨论后汇报	1	4.8%	0
	个别回答	18	85.6%	85%
	自由答	1	4.8%	10%
	无人回答	0	0	0
教师的回应方式	肯定回应	12	57.1%	65%
	否定回应	2	9.5%	10%
	无回应	1	4.8%	0
	打断回答或教师代答	0	0	0
	重复学生回答并解释	6	28.6%	25%

3. 师生对话深度

表 3-2-8　X老师改进课与试教课师生对话深度的比例对比

对话深度	频次	改进课比例	试教课比例
一级深度	18	85.7%	55%
二级深度	3	14.3%	40%
三级深度	0	0	5%
四级深度	0	0	0
五级深度	0	0	0

依据课堂记录表中的数据，本组老师对师生对话深度进行了分析。可以看出改进课一级深度问题占据整节课的85.7%，二级深度占14.3%，没有三级及以上深度的问题。

4. 师生课堂行为基本结构

改进课依据采样记录结果，利用公式进行测算：S-T分析显示，学生行为（S）共144次，教师行为（T）共104次，计算得到教师行为占有率$Rt=Nt/N=104/248=42\%$；相同行为连续次数$g=48$，计算得到行为转化率$Ch=（g-1）/N=19\%$。以横轴为Rt，纵轴为Ch绘制Rt-Ch图，这个点落在了"混合型"区域，因此这节课教学方式属于"混合型"教学模式。

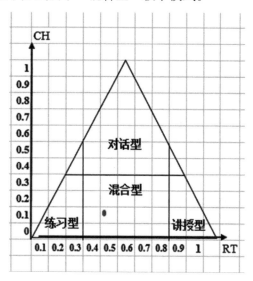

图 3-2-2　X老师改进课教学Rt-Ch图

比较结论与改进建议

1. 问题结构

针对问题的提出，教师授课主要围绕音乐本体，学生在聆听与思考的过程中有一定的难度，从改进课的统计数据上可以看出教师保留了"为何类"的问题，但"如何类""若何类"问题不再涉及，降低了音乐授课的难度，但是过于简单的问题，学生接受起来虽然较为容易，又失去了深入思考的价值，针对音乐教学中问题的设计还有进行再次改进的必要性。

2. 理答方式

从课堂对话方式来看，两次授课中课堂对话方式出入性不大，说明教师能够按照学生的意愿选择举手同学回答问题，占总问题的85%以上。

改进课中出现了提问前先点名的情况，这是因为教师利用这种方式提醒课上有些不够专注的学生，使他们尽快进入课堂的学习中来，虽然只有一次也可以说明教师在课堂教学中，随时关注每一位学生的学习情况。在这节课中教师增设了讨论后回答问题的方式，改变了师生间一问一答的模式，这样一来首先是对问题难度的降低，同时也为学生合作学习提供了机会，活跃课堂的氛围。那么我还发现当学生回答错误时，教师给予否定，不是对学生的不尊重，而是对学生学习音乐知识的严谨与负责。两节课中都没有出现打断代答的现象，也显示出教师能够给学生足够的思考问题的空间，不包办代替。

3. 师生对话深度

在改进课中，X教师增加了"是何类"的问题，减少了三级深度的对话。根据数据可以看出，本节课师生对话深度基本都聚焦在一级深度和二级深度中，缺乏三级以上深度的问题。为什么会出现这样的情况呢？是由于第一次授课时学生出现对深度问题不能很好理解与回答，所以在备课时经过研讨，决定对问题的深度进行调整。教师明确了问题的指向性，降低了问题的难度，所以呈现了这样的数据情况。经过第二次授课，发现师生对话的深度还是可以保留，但是可以改变回答问题的方式，不能一味地降低问题的难度，失去了深入思考的过程，其实有深度、有广度的师生对话，可以促进学生发散性思维与创造性思维的发展。

4. 师生课堂行为基本结构

试教课后我们发现音乐学科T的行为，不单单是讲授，还有与学生共同完成的演唱，共同完成的音乐活动等。S的行为也不是简单思考然后回答问题，而是参与音乐实践活动的所有行为。所以针对音乐欣赏教学，我们在编码记录时，加已调整完善，同样以10秒为单位进行师生活动记录，但是把师生共同完成的部分同时记录下来，使课堂的分析数据更加准确。

小　结

此次改进课课堂结构基本没有变化，这也是音乐课堂教学形式所决定的。改进课中教师在问题结构的设计上，改变了问题的难度，使问题更加明确，减少了追问的频次，但学生深入思考的过程也同样被削减，所以对于问题的深度挖掘还应该有所保留，不能一味地降低问题的难度。

三、结论与启示

课例研究指导音乐教学如何提问，通过此次的课例研究活动，使我对音乐教学中的提问方式，有了更深的理解，主要由以下三点：

（一）指向性明确的提问，避免问题的随意性

在音乐教学中，有目的性的提问，避免问题的随意性，培养学生有针对性、积极自主的思考。音乐是通过聆听来感受音乐的美，在音乐欣赏教学中，指向性明确的提问会使学生在初听音乐旋律时，得到很好地理解，更适合一级深度问题的提出。问题的明确不随意，也使得课堂教学更加的严谨规范。

（二）抓住音乐特点提问，感受体验音乐创作

作为歌曲或乐曲都会有其自身的音乐特点，抓住音乐的特点进行课堂中的提问，激发学生的思考，对音乐产生兴趣。

这次的课例研究发现，教师对音乐作品《采茶扑蝶》的教学内容思路清晰，通过聆听以及问题的提出解决教学中的重难点。教师注重音乐表现要素的体验与感受，在教学环节中师生对话的方式比较单一。在第一次试教课时，能够根据音乐作品中的特点进行提问，但只是使学生了解民族音乐旋律创作法中的加花变奏，如果使学生真正体验创作一个加花变奏的旋律，会对学生学习音乐产生更大的影响，教师抓音乐特点的提问时，要能够使学生体验感受音乐创作的乐趣。

（三）进行开放性的提问，激发学生思考的兴趣

开放性问题的提出会使学生感到轻松，也愿意参与进来并充分表达自己的想法，促进学生发散思维，激发学生思考的兴趣。

在改进课课例研究的实施过程中，出现了没有试教课效果好的情况，尤其是问题的改进，降低了难度，学生甚至不用过多思考就能回答问题，这样一来，学生学习的积极性很大程度上被减弱，教师也是随着教案完成相应的教学内容，课堂氛围平淡。在音乐欣赏中需要学生认真聆听的同时要发挥自身的想象力，想象着作者创作时的情景，作品表现出的一些景象等。问题太过简单只能把学生带入到教师的授课的环节中，禁锢学生的思维，学生发散性思维难以展现，所以在音乐学科，问题的提出还需要进行深入的探讨与改进，在欣赏教学中应该多给学生聆听的氛围，注重训练学生聆听的习惯和方法。教师在聆听中注重问题的深度、广度的挖掘，使教师与学生在课堂中都能得到最大的收获。开放性问题，具备了教学生成的可能，在这种可能下，教师抓住教学的契机，精彩的提问一瞬间成就了音乐课堂的精彩。以学生为主体，引领学生在音乐的海洋里，畅享音乐发散性的独特魅力，激发学生思维的兴趣，便学知为知学的观点，这对学生成为综合素质人才，起着非常重要的作用。

总之，通过这次的课例研究，教师意识到提问对音乐教学的重要性，也感谢学校为我们搭建这么好的研究平台，使我们能够不断地提升自身的业务水平和能力。

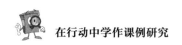

第三节 "以科学研究为方法 以反思提升为目标" 的美术课例研究

——课堂教学探究式学习中提升师生互动质量的研究

研究团队：程立 马惠青 肖爱萍 许伟 魏海凤

执笔：肖爱萍

一、研究背景

1. 课例研究的阐释

当今全球都在搞教育改革，许多国家把对人，特别是青少年学生思维水平的培养作为突破性课题，希望在教师的引导和培养下，学生能够自主学习，合作探究，不断创新，更快地适应未来社会的发展需求。因此，对教师课堂教学的方法和深度提出了更高的要求。

于是，课例研究应运而生。

课例是研究的载体。课例研究就是运用教育科学和学科科学的理论方法，以课例为载体，以观察为手段，以教学问题为对象，以互动对话为特征，以行为改变为目的，集教学与研究于一体，有目的、有计划地对教学现象进行反思、分析的研究。在当今教学改革中，课例研究凸显了其研究的影响力，成为改善课堂教学中教与学问题，促进教师专业发展的重要手段之一。

2. 课例研究与美术课堂教学

《美术课程标准》明确指出，美术学科不同于其他学科，它具有更宽松更自由的特点，美术作业也没有绝对的对与错、好与坏。教师要根据学生之间存在的个体差异，在教学中针对不同教学内容设计课堂教学，提升教学的实效性。那么如何设计合理有效的课堂教学，准确把握美术课堂成为我们当前思考的重点。因此，课例研究成了我们解决问题的阶梯。

在以往的教学中，教师常常追求"怎样上课"，而忽略了课堂不只是教师"教"的舞台，更是学生学习发展的空间。课例研究超越了以往的教学研究，倡导教师深入课堂，直接触及教学实际，以学生的"学"为中心，以教师的"反思"为途径，改变教师思维视角和习惯，揭示并解决实践中存在的却常常被忽略的问题。反思是得到对象的真实性质的必要途径，反思的过程就是教师专业成长的过程。在这样的研究过程中，不仅教师个体超越自我，成为研究型教师。参与研究的群体亦逐步成为一个研究共同体，彼此学习共同成长。

二、研究过程

（一）试教课研究

课例研究是指一种以"课例"为载体，以观察为手段，以教学问题为对象，以互动对话为特征，以行为改变为目的的教学研究。课例研究围绕"如何上好一节课，提好每一个问题"而展开。这样的分析研究能够让教师发现自己的问题，从学生活动和教师活动中进一步调查提问策略和方法，完善课堂教学。

本次教学课例研究，我们决定请M老师做研究课的执教人，讲授六年级校本课程《童话中的色彩》，其他教师做课堂不同维度的观察、记录者。本次课例研究的实施过程为：（1）在授课前一起设计教学实施方案；（2）记录课堂中提问的类型与频率以及教师行为和学生行为，为后面的分析做准备；（3）利用S-T分析法和记号体系分析法对已有数据进行分析探究；（4）针对提问类型和深度的分析结果，重新设计第二次课堂教学方案；（5）再次试讲记录，从已有问题入手进行深层次的研究。

本次课例研究就是围绕"提出问题—研读教材—设计教案—行动实践—观察交流—反思提升—再行动实践"这样一个思路展开的。提出问题为教研提出了方向，观察交流是共同成长途径，反思提升是课例研究的目标。

课堂观察结果

1. 教师提问类型

M老师整节课共提出了47个问题，其中"是何类"问题占据了绝大部分，达到了91.5%，而迁移性的"若何类"问题基本没有。

表 3-3-1　M老师试教课提问类型的频次与比例

问题类型	频次	比例
是何类问题	43	91.5%
为何类问题	1	2.1%
如何类问题	3	6.4%
若何类问题	0	0
常规管理性问题	0	0
无意识问题	0	0
合计	47	100%

以下为梳理出来的问题详表：

表 3-3-2　M老师试教课的问题简述

问题序号	问题简述
1	这个颜色能想到什么，你说？
2	还有呢？
3	还有吗？
4	你最喜欢的颜色？
5	你能想到什么？

续表

问题序号	问题简述
6	别的颜色呢？
7	还有吗？
8	作品有什么特点？
9	对比看有什么特点？
10	黑与黄形成什么样的关系？
11	有什么颜色？
12	对比关系对吗？
13	有什么颜色？
14	什么对比关系？
15	能不能用颜色表现自己？
16	请你来介绍一下你的作品。
17	谁再来介绍一下？
18	学校开展的童话故事会你读的是什么？
19	作品见过吗？
20	谁来给大家分享？
21	颜色给你什么感觉？
22	黑暗，还有吗？
23	看一下这个是什么？
24	整个画面给你什么感觉？
25	《天鹅湖》的故事知道吗？
26	音乐讲的什么故事？听得出来吗？
27	《天鹅湖》听过吗？
28	《天鹅湖》的故事知道吗？
29	用什么颜色来表现这个故事？
30	你觉得用什么颜色合适？
31	还可以用什么？
32	我还可以加什么颜色？
33	王子来了可以用什么颜色来表现？

续表

问题序号	问题简述
34	谁能告诉我粉红色有什么感觉？
35	其他作品你能看懂哪些？
36	你喜欢什么童话？
37	你能用什么颜色来表现？
38	为什么要用这么多颜色？
39	表现的是什么中的色彩？
40	他表现的什么？
41	谁来给大家介绍一下自己的作品？
42	谁还想来？
43	你来说说？
44	谁还想来说？
45	我对这张作品好奇，这是个什么故事？
46	你用的什么技法？
47	还有吗？谁想说？

2. 师生对话方式

M老师在整节课中，让学生齐答或自由答的问题占26%，叫举手者答的问题占48%，鼓励学生提出问题的占19%。与教师挑选回答问题的方式相呼应，学生集体齐答占12%，讨论后汇报为0，个别回答占64%，自由答占16%。教师肯定回应占43%，无回应占17%，重复学生回答并解释占29%。

表3-3-3　M老师试教课师生对话不同方式的频次与比例

观察维度		频次	比例
教师挑选回答问题的方式	提问前先点名	0	0
	让学生齐答或自由答	7	26%
	叫举手者答	13	48%
	叫未举手者答	2	7%
	鼓励学生提出问题	5	19%

续表

观察维度		频次	比例
学生回答的方式	集体齐答	3	12%
	讨论后汇报	0	0
	个别回答	16	64%
	自由答	4	16%
	无人回答	2	8%
教师的回应方式	肯定回应	15	43%
	否定回应	0	0
	无回应	6	17%
	打断回答或教师代答	4	11%
	重复学生回答并解释	10	29%

3. 师生对话深度

师生对话深度的这组数据显示，一级深度问题占据整节课的74.5%，二级深度占25.5%，没有三级深度、四级深度和五级深度的问题。

表 3-3-4　M老师试教课师生对话不同深度的频次与比例

对话深度	频次	比例
一级深度	35	74.5%
二级深度	12	25.5%
三级深度	0	0
四级深度	0	0
五级深度	0	0

4. 师生课堂行为基本结构

在授课过程中，我们进行S-T采样，以10秒为单位进行师生活动记录，对师生课堂活动情况进行编码分析。

依据采样记录结果，利用公式进行测算：S-T分析显示，学生行为（S）共141次，教师行为（T）共112次，通过计算公式得到教师行为占有率（RT）

为44.3%。相同行为占有率（g）为33，计算可得教师行为转换率（CH）为12.6%。

借此数据，以横轴为Rt，纵轴为Ch，绘制Rt-Ch图，两个数据的连接点落在了B区，因此可以判断这节课教学方式属于"混合型"教学模式。基于美术教学的特殊性，我针对课堂讲授的26分钟做了第二次分析，虽然学生行为次数和教师行为次数都有变化，教师行为占有率增加到72.8%，行为转换率上升至19.4%，但Rt-Ch图上的数据点依然落在B区，更加确定了本课属于"混合型"教学模式的分析结果。

数据时间范围	学生行为次数（NS）	教师行为次数（NT）	相同行为连续次数（g）	教师行为占有率（RT）	教师行为转化率（CH）
整节课（50min）	141	112	33	Rt=Nt/N =112/253 =44.3%；	Ch=（g-1）/N =（33-1）/253 =12.6%。
讲授部分（26min）	35	94	26	Rt=Nt/N =94/129 =72.8%	Ch=（g-1）/N =（26-1）/129 =19.4%

图 3-3-1 M老师试教课数据计算结果

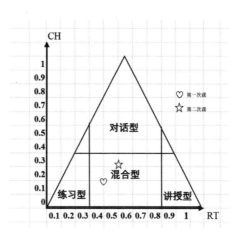

图 3-3-2 M老师试教课Rt-Ch图

这样的美术课堂摆脱了传统模式，学生参与程度有了很大的提高，达到新课程理念中提到的"让学生在学习过程中自助构建知识"的目的。

问题诊断与改进建议

在第一次研究中我们发现T行为不只是教师的讲话行为（听觉的），还包括板书、演示等视觉信息传递行为。S行为不只是学生回答问题互动的行为，而是包括T行为以外的所有行为。比如学生的发言、思考、记录、做作业、沉默等。因此在改进课前我们对S-T数据采集方案进行了调整和划分。尽量把握师生的行为比例和互动比例，关注学生需求，从问题结构、理答方式和师生对话深度等方面进行改进，增加对应策略性知识。同时准备利用纵向比较分析，即对授课M老师两次教学进行对比分析。

小　结

由于第一次裸课设计不够精准，课堂中问题过于频繁和简单，缺乏针对性的有深度的问题。美术课堂不同于其他学科，一问一答的形式还需要改变，教室可以利用有效的提问激发学生的创造性思维，引领学生进行多角度多层次的深入思考和探究。

（二）改进课研究

课堂观察结果

1. 教师提问类型

结合课堂录像我们将课堂提问进行整理、统计和分析。数据分析显示，第二次课教师提出的问题总数由47个减少到22个，其中"是何类"问题较第一次裸课减少23.4%，"为何类"和"如何类"问题增加了23.4%。这些数据充分说明提问的频率降低，而相对深度和层次有了很大提高。

表 3-3-5 两次课提问类型的频次与比例对比

问题类型	频次		比例	
	试教课	改进课	试教课	改进课
是何类问题	43	15	91.4%	68%
为何类问题	1	3	2.2%	14%
如何类问题	3	4	6.4%	18%
若何类问题	0	0	0	0
常规管理性问题	0	0	0	0
无意识问题	0	0	0	0
合计	47	22	100%	

2. 师生对话方式

表 3-3-6 两次课师生对话方式的频次与比例对比

观察维度		频次		比例	
		试教课	改进课	试教课	改进课
教师挑选回答问题的方式	提问前先点名	0	0	0	0
	让学生齐答或自由答	7	8	26%	27.6%
	叫举手者答	13	10	48%	34.5%
	叫未举手者答	2	3	7%	10.3%
	鼓励学生提出问题	5	8	19%	27.6%
学生回答的方式	集体齐答	3	6	12%	26.1%
	讨论后汇报	0	5	0	21.7%
	个别回答	16	9	64%	39.1%
	自由答	4	3	16%	13.1%
	无人回答	2	0	8%	0
教师的回应方式	肯定回应	15	16	43%	66.7%
	否定回应	0	0	0	0
	无回应	6	0	17%	0
	打断回答或教师代答	4	0	11%	0
	重复学生回答并解释	10	8	29%	33.3%

针对两次课堂记录情况的整理和分析，不难看出在整节课中教师尊重每一个层次的学生。对于不爱举手缺乏自信的学生，教师主动鼓励他们尝试齐答或自由回答问题。对于有一定基础的学生，教师引导他们进行更深一层次的研究，在思考后主动举手提出自己的问题，大家一起解决。对于学生的回答老师也调整了反馈方式，或肯定后予以提升，或在学生回答基础上进一步解释。这样的课堂，学生变得活跃起来，针对裸课中问题无人回答的情况已经消失。在记录中我们还发现一个问题，改进课中学生齐答、集体回答的频率有所增加。通过对提问内容的回顾，可能老师为鼓励学生有些问题设计的难度偏低。如何适当增加提问内容的难度，又能让不同层次学生融入其中，可以作为新的关于提问的研究主题，希望在以后的研究中尝试探究解决。

3. 师生对话深度

表 3-3-7　两次课对话深度的频次与比例对比

对话深度	频次		比例	
	试教课	改进课	试教课	改进课
一级深度	35	14	74.5%	63.6%
二级深度	12	6	25.5%	27.3%
三级深度	0	2	0	9.1%
四级深度	0	0	0	0
五级深度	0	0	0	0

依据课堂记录表中的数据，本组老师对师生对话深度进行了分析。可以看出试教课一级深度问题占据整节课的74.5%，二级深度占25.5%，三级、四级和五级深度的问题没有出现。说明试教课师生对话深度基本都聚焦在一级深度和二级深度中，缺乏三级以上深度的问题。在改进课中这一状况略有改变。改进课中除了一级深度问题和二级深度问题占据整节课的63.6%和27.3%以外，出现了三级深度问题，占整节课的9.1%。虽然四级和五级深度的问题还是没有出现，但是和之前试教课相比有所提高，这和之前问题类型中"如何类"问题增加有直接关系。

4. 师生课堂行为基本结构

表 3-3-8　两次课行为基本结构计算结果

	学生行为次数 NS	教师行为次数 NT	相同行为连续次数 G	教师行为占比 RT	教师行为转化率 CH	分析结果
试教课	253	112	33	44%	13%	混合型
改进课	239	128	59	53.56%	24.27%	混合型

S-T分析显示，两次课数据的连接点都落在了B区，因此可以判断两次课教学方式都属于"混合型"教学模式。在改进课后，我们将两次S-T数值进行了对比分析。对于教师行为占比由44%到53.56%，提升了9.56%。课堂讲授时间20分钟，学生活动大概有10分钟。这说明教师能够在教学中给予学生充足的时间来发表自己的观点，重视学生主体又不失教师主导地位。

从行为转换次数还可以看出，改进课比试教课增加了11.27%，这说明师生课堂中的互动有所增长，既能保证师生之间良好的互动，又能避免教学行为转换过于频繁，产生看似热闹、实则低效的现象。

三、结论与启示

（一）课例研究教会我们如何教与学

课例研究其实就是研究自己，是教师对课堂实例反思性的观察分析，并针对发现的问题以一种有深远意义的方式深入思考，学会怎样教学，提高自己的教学水平。课例研究是理论联系实际的桥梁，是通过教师团队的努力一起反思对课程的理解，对教学策略的选择，对师生课堂共建的过程。在研究活动时，我们针对设计理念、教学提问类型和频率等方面进行交流，每个老师都提出了宝贵的意见，每一次都有新的理解与处理问题方法。这种"一人讲授，集体多次反思"的模式，让每一个参与的老师，无论是讲授者、记录者还是旁听者，都在沟通、交流、讨论中学会研究教材、勇于吃透教材，实现价值共享、共同探究、共同成长的研究目的。

（二）利用不同层次的提问，让每一个学生提升思维深度

在一次次数据对比分析中，我们发现课堂中提问的层次与深度对美术课堂教学影响很大。提问作为课堂教学的主要手段之一，无论是控制教学节奏，还是激发高层次思维活动，训练学生的语言表达能力，都起着非常重要的作用。一位教育家曾说过："教师若不谙熟发问技术，他的教学是不易成功的。"教师准确合理的提问，才能提高教学效率，激发学生思维意识，培养自主探究能力，使学生获得具体的进步和高层次的发展。

如何设计有吸引力、有深度、有争辩性的提问，如何利用多种不同手段和方法设置有层次的提问，提高提问的有效性，引起我们的关注。于是我们从提问的类型、层次以及提问内容的深度三个方面进行了深入的研究。并在第二次讲授时重点关注提问的变化对课堂"教"与"学"的影响。我们发现提问形式和深度的变化，提高了学生的思维深度和广度，创设了更大的思考空间。

总之，本次课例研究，从领导搭设平台，和教育专家对话，到研究成果呈现，每一位老师都经历了磨炼。我们学会了转换角色，完成了从单纯的讲授者到"专家型"的研究者的转变，形成艺术组和谐互动的专业成长团队。

第四节　小学道德与法治五年级
《美丽文字民族瑰宝》课例研究
—— 在道德与法治课堂教学中提升师生互动质量的研究

研究团队：李文强　杨颖　王利辉　陈颜　吕崑

执笔人：高燕萍

一、研究背景

《道德与法治》教材以社会主义核心价值观为统领，围绕新课程标准开展教学，以法治教育大纲为依据对小学阶段落实法治教育，以社会主义核心价值观、优秀传统文化和党的十八大以来的历次会议精神为教育内容来落实立德树人教育目标，增强社会责任感，培养学生的实践能力。新课程改革注重培养学生的独立性和自主性，促进学生在教师的引导下自主学习。有效的课堂师生互动有助于增加道德与法治课的魅力，激发学生的求知欲，构建良好的师生关系，培养学生自主能力，提升课堂教学质量。

为了解决道德与法治教学中的师生课堂互动的质量问题，本课例研究小组以五年级道德与法治课中典型课例为主要研究载体，对师生活动时间进行区划界定，并进行统计分析。以道德与法治课程标准和教育心理学等理论为准绳，对比分析不同活动时间对探究深度的影响。结合课堂教学实际，提高时间的利用率，逐步实现学生活动时间与科学探究深度的最优化。

教育部《新课程标准》提出，在教学中"有效的学习活动不能依赖模仿与记忆，动手实践自主探索与合作交流是学生学习的重要方式，学生的学习活动应当是一个生动活泼的、主动的和富有个性的过程"，课堂教学模式的改革迫在眉睫。课改，让课堂充满着生机和活力，成为学生个性张扬和生命涌动的舞台。通过改进课堂教学方式，使学生在文化知识、基本技能、学习能力、学习习惯、情感态度等各方面都得到和谐发展。学生作为课堂的重要组成要素，新课改中提出把课堂学习的时空还给学生，让学生成为学习真正的主人。进行课堂教学有效性的研究，提高课堂教学的效益，唤醒学生沉睡的潜能，点燃学生智慧的火花，不仅面向学生的现在，更要注重面向学生的未来。新课程要求采用"互动式"教学势在必行。

二、研究过程

强调师生交往，构建互动的师生关系、教学关系，是教学改革的首要任务。教学是师生双边活动的动态过程，教学过程是师生交往、共同发展的互动过程。在教学过程中，要处理好传授知识与培养能力的关系，注重培养学生的独立性和自主性，引导学生置疑、调查、探究，在实践中学习，使学习成为在教师指导下主动的、富有个性的过程。教师应尊重学生的人格，关注个体差异，满足不同需要，创设能引导学生主动参与的教育环境，激发学生的学习积极性，培养学生掌握和运用知识的能力，使每个学生都能得到充分的发展。教师与学生是教学过程的主体，在教学过程中，强调师生间、学生间的动态信息交流，通过信息的交流实现师生互动、相互沟通、相互影响、相互补充。

研究选取了小学道德与法治人教版五年级第一学期第四单元"骄人祖先灿烂文化"的《美丽文字民族瑰宝》作为探究式教学课题。

试教课研究

2019年10月我们进行了第一次试教课，这次是由道德与法治组里L老师完成试讲的。本节课设立的教学目标是：

知识与能力：让学生明白汉字、藏文、蒙文等几十种文字都是中华民族智慧的结晶；引导学生了解汉字的特点，汉字字形的发展，学习欣赏独特的书法艺术；让学生明白汉字历史悠久，是中华文化的重要标志，不同汉字形体具有不同的魅力；让学生明白汉字蕴含的道德观念、价值观念、传统思想，指导汉字影响深远。

过程与方法：通过参观中国文字博物馆，领略不同时期汉字风采，欣赏古代书法作品；开展"趣味汉字"主题竞赛活动，猜一猜，说一说，搜集一个汉字的故事和小组合作探究等活动，培养学生实践创新能力自主学习能力和合作意识。

情感态度与价值观：增强学生热爱中国传统文化的情感。

为了达成教学目标，设计了以下教学环节：认识丰富多样的文字，通过人民币上几种文字来认识汉文、蒙文、藏文等几十种文字都是中华民族智慧的结晶；了解古老而优美的汉字，引导学生了解汉字的特点，汉字字形的发展，让学生明白汉字历史悠久，是中华文化的重要标志，不同汉字形体具有不同的魅力。

课堂观察结果

1. 教师提问类型

L老师整节课共提出了32个问题，其中"是何类"问题占据了绝大部分，达到了31.3%，而迁移性的"若何类"问题只占了3.05%。

表 3-4-1 L老师试教课提问类型的频次与比例

问题类型	频次	比例（%）
是何类问题	10	31.3%
为何类问题	4	12.5%
如何类问题	1	3.05%
若何类问题	1	3.05%
常规管理性问题	2	6.3%
无意识问题	14	43.8%
合计	32	100%

　　根据梳理出的问题详表，我们又对问题的类型进行了统计分析。数据分析显示，在整节课中教师共提出问题32个，其中"是何类"的问题10个，占整节课的较大部分，达到了31.3%；"为何类"的问题共4个，占12.5%；"如何类"的问题和"若何类"的问题各1个仅占3.05%；"无意识"的问题14个，占43.8%。经过探讨，大家认为在这节课中教师关注浅层次提问比较多，对于知识研究的思维深度还可以适当引导。同时我们要关注更多道德与法治学科教学中课堂提问的层次性的研究。

　　以下为梳理出来的问题详表：

表 3-4-2 L老师试教课的问题简述

问题序号	问题简述
1	观察人民币，对比书上的汉字，是属于哪个民族的？小组互相讨论。
2	各组代表汇报。
3	看图，这是什么？
4	看图，像白塔寺的塔？
5	与汉族文字的区别？
6	如果没有文字，怎么记事？
7	结绳利于传播吗？
8	记事还有什么方法？
9	四个人讨论，六个象形字都是什么？

问题序号	问题简述
10	讨论对比，是否意见相同？
11	讨论，为什么象形字是这些字？
12	有什么不同意见吗？
13	十二生肖为什么把老鼠排第一？
14	谁能猜"赢"各部分的代表什么？讨论。
15	讨论马突出什么地方？
16	鼎是做什么用的？
17	铭文怎样刻在青铜器？
18	国家推广普通话有什么好处？
19	去过少数民族地区吗？

2. 师生对话方式

表 3-4-3　L老师试教课师生对话不同方式的频次与比例

观察维度		频次	比例
教师挑选回答问题的方式	提问前先点名	0	0
	让学生齐答或自由答	2	20%
	叫举手者答	5	50%
	叫未举手者答	1	10%
	鼓励学生提出问题	2	20%
学生回答的方式	集体齐答	1	11.1%
	讨论后汇报	1	11.1%
	个别回答	6	66.7%
	自由答	1	11.1%
	无人回答	0	0
教师的回应方式	肯定回应	0	0
	否定回应	1	20%
	无回应	0	0
	打断回答或教师代答	1	20%
	重复学生回答并解释	3	60%

通过以上的数据明显看出，让学生齐答或自由答占20%，叫举手者答占50%，鼓励学生提出问题占20%。与教师挑选回答问题的方式相呼应，学生集体齐答占11.1%，讨论后汇报占11.1%，个别回答占66.7%，自由答占11.1%。教师否定回应占20%，打断回答或教师代答占20%，重复学生回答并解释占60%。说明教师在整节课中，能够尊重学生的意愿，整节课50%选择叫举手的同学回答问题。对于未举手的学生，也得到了老师的关注，其中有一次教师提问涉及未举手的同学，他们在老师的引导下回答到位。

针对教师鼓励学生提问这一项，可能由于学生生活实践少，基本上提不出什么问题。由此看出，老师引导学生深入思考，鼓励学生提出问题还可以再多一点。

整节课学生回答问题的方式中，个别回答和集体回答占据了77.8%，而讨论后汇报为11.1%，由此看出教师的问题基本以"是何类"为主，学生根据自身已有认知能轻易获取答案。与此同时，教师的回应方式60%为重复回答或解释，整节课都没有无回应的现象。

3. 师生对话深度

课堂记录表中，对师生对话深度的分析，可以看出一级深度问题占据整节课的61%，二级深度占31.7%，三级深度占7.3%，四级和五级深度的问题没有出现。根据数据呈现出本节课师生对话深度基本都聚焦在一级深度和二级深度中，缺乏四级以上深度的问题。

表3-4-4　L老师试教课师生不同对话深度的频次与比例

对话深度	频次	比例（%）
一级深度	25	61%
二级深度	13	31.7%
三级深度	3	7.3%
四级深度	0	0
五级深度	0	0

4. 师生课堂行为基本结构

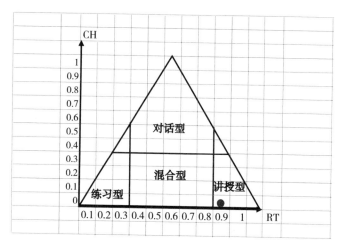

图 3-4-1   L老师试教课的教学Rt-Ch图

吕老师和陈老师两位老师在首轮听课时辅助我们进行S-T采样，以10秒为单位进行师生活动记录，对师生课堂活动情况进行编码分析。依据采样记录结果，利用公式进行测算。

S-T分析间隔10秒采样，学生行为（S行为）共61次，教师行为（T行为）共181次，教师行为占有率Rt=Nt/N=181/242=74.8%。相同行为连续次数g=20，计算得到行为转化率Ch=（g-1）/N=7.8%。以横轴为Rt，纵轴为Ch绘制Rt-Ch图，这个点落在了讲授型区域，因此这节课教学方式属于"讲授型"教学模式。

教学探索值得肯定的方面

从课堂观察数据来看，本节课教学过程完整，尊重学生，仅仅出现一次打断学生或教师代答的情况。其中两次鼓励学生质疑，给予学生一定的思考空间。

问题诊断与改进建议：

1. 问题结构

"无意识问题"所占比例过大，而"为何类"问题和"如何类"问题所占比对例过小。老师上课过程中习惯性口头禅过多，语言不够规范。学生只需要回答是或者否，或者从文中简单提取信息作为答案。要适当增加对应策略性知识的"如何类"问题。

2. 理答方式

学生回答问题的方式"齐答或自由答"比例较高，而"讨论后汇报"仅占10%，这与问题类型相关，应通过调整问题结构，增加问题难度，从而增加"讨论后汇报"的比率。教师"无回应"与"重复学生回答并解释"所占比例较高。教师要通过提高自身的元认知，降低"无回应"所占比例。课堂上有的学生回答得好，有的学生回答得不好。要调动生生互动来回应与评价，从师生评价走向生生评价，避免一直"重复学生回答并解释"。"未举手回答"比例要提高，要关注和了解学生的学情。

3. 师生对话深度

师生对话深度基本都聚焦在一级深度和二级深度，缺乏三级以上深度的问题。这一组数据也与之前的问题类型中"是何类"问题较多不谋而合。要梳理问题与问题之间的逻辑关系，减少细小问题，增加主问题。

4. 师生课堂行为基本结构

通过试S-T教学分析表中，教师行为占有率以及行为转化率都可以看出整堂课是讲授型，学生只有知识概念和科学主题，没有上升到哲学层次思考问题。因此，要体现学生的主体性，让学生充分探索、合作交流，就应当改变讲授型课堂模式。

小　结

由于教师设计问题的精准度还不高，导致全课中呈现出的32个教师提问

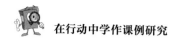

的质量并不高，大部分问题都是针对事实性知识进行提问，缺乏具有一定思维含量的或者能够引导学生深入学习的问题。师生互动基本以一问一答的形式完成，缺乏教师的有效引导和学生的深入思维，虽然有师生互动，但效率却不高。

第五节　小学科学五年级上《运动与摩擦力》课例研究

——课堂教学探究式学习中提升师生互动质量的研究

研究团队：严淑敏、樊京晶、陈可心、吕崑、陈颜

执笔人：肖凤英

一、研究背景

探究式学习是贯穿小学科学课堂的重要学习方式。新课标明确指出小学科学教学目标，也就是让教学更加注重体验和实践，让学生参与进来，增强师生之间的互动，采用师生互动交往的教学模式。

为了解决科学教学中的师生课堂互动质量问题，本课例研究小组将以五年级科学课中典型课例为主要研究载体，对师生活动时间进行区划界定，并进行统计分析。以科学课程标准和教育心理学等理论为准绳，对比分析不同活动时间对探究深度的影响。结合课堂教学实际，提高时间的利用率，逐步实现学生活动时间与科学探究深度的最优化。

二、研究过程

（一）试教课研究

研究选取了小学科学教科版五年级第一学期运动和力单元的《运动与摩

擦力》作为探究式教学课题。从本课起，单元的探究活动将转入对摩擦力的研究。物体的表面都有些微小的凹凸不平的地方，两个物体的接触面做相对运动时，这些凸起的地方会相互碰撞并破坏，这就是摩擦。在地球上，运动的物体都要与其他物体接触，发生摩擦，也就产生了摩擦力。研究运动就要研究摩擦力对运动的影响。

第一次试教课是由科学组集体备课，Y老师完成试讲的。本节课设立的教学目标是：（1）一个物体在另一个物体表面运动时，接触面发生摩擦，会产生摩擦力。摩擦力的大小与物体接触面的光滑程度有关：表面越光滑，摩擦力越小；表面越粗糙，摩擦力越大。摩擦力的大小与物体的重量有关：物体越重，摩擦力越大；物体越轻，摩擦力越小。（2）测量摩擦力的大小。推测、设计实验检验摩擦力与接触面和重量的关系。做摩擦力大小的对比实验。（3）形成认真实验、根据数据得出结论的科学精神。

为了达成教学目标，设计了以下教学环节：

①物体运动与摩擦力。首先，揭示摩擦力的概念，从而使学生打开感觉摩擦力和测量摩擦力的窗口。限于学生的认识能力，这里只从动摩擦角度给摩擦力下了简单的定义，未涉及静摩擦。其次，测量摩擦力，要求"沿水平方向"拉物体，指出"刚刚能使这个物体运动起来"的力是它受到的拉力，这是克服阻碍物体运动的力，这个力与阻碍物体运动的力大小相等方向相反。最后，通过这些活动，学生会认同摩擦力的存在，认同摩擦力对运动的阻碍作用。

②摩擦力大小与接触面光滑粗糙的关系。这是个对比实验，但并不复杂。设计实验时，强调弄清楚"实验要改变什么条件，怎么改变"和"不能改变什么条件，怎么保持不变"两个重要问题。这是对比实验要注意的关键点，现在和今后都要强调和练习，本课不但要求讨论，还要求记录在记录表中。在这个实验中，除了改变接触面光滑程度外，其他条件都不能改变。

③摩擦力大小与物体重量的关系。经历了摩擦力大小与接触面光滑粗糙的关系的活动，研究这个问题就不难了。在这个实验中，要改变的条件是运

动物体的重量，而其他条件都不变。

②和③都是对比实验，所以没有特别的顺序，关键是强调"实验要改变什么条件，怎么改变""不能改变什么条件，怎么保持不变"两个重要问题。

课堂观察结果

1. 教师提问类型

在整节课中教师共提出问题42个，其中"是何类"的问题20个，占整节课的较大部分，达到了47.7%；"为何类"的问题共14个，占33.3%；"如何类"的问题3个仅占7.1%；没有"若何类"问题。

表4-5-1 Y老师试教课提问类型的频次与比例

问题类型	频次	比例
是何类问题	20	47.7%
为何类问题	14	33.3%
如何类问题	3	7.1%
若何类问题	0	0
常规管理性问题	3	7.1%
无意识问题	2	4.8%
合计	42	100%

以下为梳理出来的问题详表：

表4-5-2 Y老师试教课的问题简述

问题序号	问题简述
1	有没有认真观察过你们鞋上的特征呢？
2	你呢，看到什么了？
3	仔细观察，新鞋子和旧鞋子，鞋底有什么不同的地方？
4	我们在走路的时候，鞋跟会跟谁接触？
5	怎样才算是摩擦？
6	生活中你还知道哪些是摩擦？

问题序号	问题简述
7	现实生活中，我们身边还有没有？
8	铅笔盒是新的还是旧的？旧的铅笔盒和新的有啥不一样了？
9	也就是说两个物体要相互怎样？摩擦之后会干吗？
10	首先是干吗？就会发生什么？
11	现在看铅笔盒，这样算是摩擦吗？
12	是不是只要接触就可以了？还需要干吗？
13	运动起来才会有什么？
14	谁来说一说？
15	使劲压在桌子上怎么样？
16	我们把这个阻碍的力叫什么？
17	这个摩擦力能测出来吗？拿什么测？
18	测力计使用的时候应该注意些什么？还有什么？
19	拉动这个物体的时候要怎么样？
20	当它运动的时候，这个力就是运动时候的什么力？
21	铅笔盒在桌面上的摩擦力到底有多大？
22	一组你们测完了吗？别的组呢？其他组的同学呢？
23	来看看大家得到的数据，看看为什么大家得到的都不一样呢？
24	你觉得造成它不一样的原因有哪些呢？
25	还有其他的原因吗？
26	面积不一样是吗？只有接触的面积不一样吗？
27	可能是接触面的光滑程度不同造成的？
28	那我们今天选择什么来研究呀？
29	刚才那个塑料的怎么样？刚才有疙瘩的怎么样？
30	要研究这个，我们现在应该怎么办？
31	怎么做实验呢？
32	在验证和重量有没有关系的时候，我们要不改变什么？
33	什么叫接触面？要改变的是什么？
34	怎么改变重量？

问题序号	问题简述
35	这次改变什么？
36	测得时候需要测几次？
37	通过这组数据你能发现什么？或者这组数据说明了一个什么问题？
38	毛巾最怎么？桌面最怎么？这说明了什么？
39	重量大摩擦力怎么样？重量小摩擦力怎么样？
40	有没有和他的结论不一样的？
41	生活中还有哪些地方是需要增大摩擦力的？还有吗？
42	生活中减小摩擦力的地方呢？还有吗？

2. 师生对话方式

教师在整节课中，能够尊重学生的意愿，整节课选择叫举手的同学回答问题的占57.8%。对于未举手的学生，也得到了老师的关注，其中有一次教师提问涉及未举手的同学，他们在老师的引导下回答得很好。

表4-5-3　Y老师试教课师生不同对话方式的频次与比例

观察维度		频次	比例
教师挑选回答问题的方式	提问前先点名	5	11.1%
	让学生齐答或自由答	13	28.9%
	叫举手者答	26	57.8%
	叫未举手者答	1	2.2%
	鼓励学生提出问题	0	0
学生回答的方式	集体齐答	8	19.5%
	讨论后汇报	0	0
	个别回答	28	68.3%
	自由答	5	12.2%
	无人回答	0	0
教师的回应方式	肯定回应	5	71.4%
	否定回应	0	0
	无回应	0	0
	打断回答或教师代答	0	0
	重复学生回答并解释	2	28.6%

3. 师生对话深度

课堂记录表中，对师生对话深度的分析，可以看出一级深度问题占据整节课的61%，二级深度占31.7%，三级深度占7.3%、四级和五级深度的问题没有出现。根据数据呈现出本节课师生对话深度基本都聚焦在一级深度和二级深度中，缺乏四级以上深度的问题。

表4-5-4　Y老师试教课师生不同对话深度的频次与比例

对话深度	频次	比例
一级深度	25	61%
二级深度	13	31.7%
三级深度	3	7.3%
四级深度	0	0
五级深度	0	0

4. 师生课堂行为基本结构

吕老师和陈老师两位老师在首轮听课时辅助我们进行S-T采样，以10秒为单位进行师生活动记录，对师生课堂活动情况进行编码分析。依据采样记录结果，利用公式进行测算。S-T分析显示，学生行为（S）共118次，教师行为（T）共95次，通过计算公式得到教师行为占有率（RT）为44%。相同行为占有率（g）为32，计算可得教师行为转换率（CH）为14%。借此数据，以横轴为Rt，纵轴为Ch，绘制Rt-Ch图，两个数据的连接点都落在了混合区，因此可以判断这节课教学方式属于"混合型"教学模式。

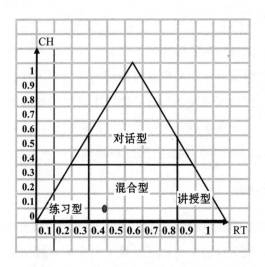

图 4-5-1　Y老师试教课的课堂教学Rt-Ch图

教学探索值得肯定的方面

从课堂观察数据来看，Y老师教学过程完整，尊重学生，没有出现打断学生或教师代答的情况。给学生充分的探究时间，自主设计实验探究，并能根据实验数据分析得出实验结论，运用到生活实践中。

问题诊断与改进建议

课堂上，教师花一半以上的时间引出主题、设计实验、讲解要求，等学生开始进行探究时，对探究主题的兴趣已经由热变冷，淡化了探究的激情。由于时间，他们的探究活动草草了事，交流研讨无法深入，教师往往无奈地说："由于时间关系，这个问题你们课外继续探究……"

师生对话深度基本都聚焦在一级深度和二级深度，缺乏三级以上深度的问题。整堂课是"混合型"教学模式，师生行为转换率偏高，即碎问碎答较多，只有知识概念和科学主题，没有上升到哲学层次思考问题。

小　结

由于教师设计课堂问题的深度度还不高，没有提升到哲学的层次分析科学问题，导致全课中呈现出的42个教师提问的质量并不高，大部分问题都是针对事实性知识进行提问，缺乏具有一定思维含量的或者能够引导学生深入学习的问题。师生互动基本以一问一答的形式完成，缺乏讨论和教师的有效引导，学生的科学思维得不到展现，虽然互动频繁但效率却不高。

（二）改进课研究

第二节对照课由Y老师在第一次试讲后，经本组教师提出建议修改后继续执教。课题相同，教学目标未变，只是换了一个班。接受第一次试讲的经验和发现的问题，进行修改对课堂探究时间和师生互动活动重新设计。通过解决问题更多的联系生活实际解决生活中的问题，从而让学生能站在科学的角度观察和解决生活中的问题，辩证地思考问题。

课堂观察结果

根据课堂实录梳理结果，Y老师整节课共提出了45个问题，详见下表。

表4-5-5　Y老师改进课的问题简述

问题序号	问题简述
1	有没有认真观察过你们鞋上的特征呢？
2	行走在路上是什么和什么相接触？
3	鞋底和地面接触发生了什么？
4	鞋底怎么样了？
5	鞋与什么接触？
6	在哪发生了摩擦？
7	旧轮胎和新轮胎的花纹怎么不一样呢？
8	粉笔与黑板接触发生什么？粉笔变什么了？
9	这是摩擦吗？
10	接触要几个物体？

问题序号	问题简述
11	我不接触，可以吗？
12	摩擦发生要有两个物体，而且摩擦发生在什么位置？
13	两个物体互相接触的接触面上就会发生什么？
14	第二次的时候怎么样？很难向前运动是吧，有一种阻碍你的力量在阻碍你向前运动是吧？我们把这种力量叫什么呀？
15	第一次的时候怎么样？有没有阻碍你运动的力量？
16	下面我们就来研究这个摩擦力，它既然是一种力，它有大小，这个大小能不能测出来？用什么测？
17	我们看看那个指针是否在哪？不在 0 位的话会怎么样？
18	让红色的指针在 0 位，然后呢？然后我们应该怎么办？
19	那到底摩擦力该怎么测呢？首先是用测力沿水平方向拉动一个物体，刚好能使这个物体运动起来的力我们把它叫什么？
20	看看我做的有没有什么问题？
21	记住，要什么时候读数？保持匀速运动的时候我们要读出这个数值来，这才是摩擦力的什么？
22	告诉我测的是什么？
23	铅笔盒与什么？
24	想一想为什么会出现不一样的数据呢，原因是什么呢？可能的原因是什么呢？
25	铅笔盒有的大，有的小。可能什么不一样？它接触的面积的大小不一样。还有可能是什么呀？
26	你们猜了这么多，到底它跟哪些因素有关系呢？
27	我们为了研究方便，我们来选两个来研究，好不好？那么选哪个呢，根据材料不一样。选什么？
28	哪个同学上来说一下？
29	既然这个物体不能变，其他的面积发生变化，接触的面积是不变的，对不对？
30	几个条件能改变？就一个，他改变啥了？
31	然后其他的都要保持怎么样？这个接触面打算选什么呀？
32	他打算选桌面，有没有同学还要再想要说一下？他说了，接触面可以都用砂纸吗？可以吗？
33	所以接触面你选的时候选什么？选哪个都可以。好，还有没有对这个实验有疑问的，还有不同的吗？

问题序号	问题简述
34	可以吗？没有问题。还有不一样的吗？你们最后不一样，你们组，我看在交流，没有，选的多少？
35	桌面、毛巾、砂纸，谁最粗糙？
36	这个什么？光滑，这个越来越怎么样？摩擦力越来越怎么样了？
37	重量由轻到重画一个箭头，由轻到重，摩擦力越来越怎么样？由轻到重摩擦力越来越怎么样？
38	我们研究的是摩擦力的大小与物体重量和接触面的光滑程度的关系，我们知道了接触面越光滑摩擦力越来越怎么样？
39	那什么时候需要增大摩擦力，什么时候需要减少摩擦力呢？
40	那我们能用到这个吗？
41	他说下雪天我们在地面上的时候为了防止滑倒可以增大摩擦。怎么增大？可以撒点什么呀？
42	轻一点，我们可以怎么样？加机油减小摩擦力，是不是？
43	是不是觉得摩擦力越小越好？你们说呢？
44	当世界上如果没有摩擦力了，你觉得会是什么样子？
45	比如说我们刚才一开始提到的汽车的车轮，对吧？为什么他要加轮胎呢？是为了更小吗，还是怎么着？

1. 教师提问类型

第二课Y老师所提"是何类"问题、"为何类"问题的比例大大减少，"如何类"问题、"若何类"问题分别提高了36.1%和9%。

表 4-5-6　Y老师改进课问题类型的频次与比例

问题类型	频次	对照课比例	试教课比例
是何类问题	14	31%	47.7%
为何类问题	13	29%	33.3%
如何类问题	13	29%	7.1%
若何类问题	4	9%	0%
常规管理性问题	0	0%	7.1%
无意识问题	1	2%	4.8%
合计	45	100%	100%

2. 师生对话方式

通过Y老师两次课的数据对比可以看出，两节课都没有否定回应，而在第二次课堂中，做到了启发学生并进行了鼓励。学生讨论后再回答问题的正确率大大提升。

表4-5-7　Y老师改进课师生不同对话方式的频次与比例

观察维度		频次	对照课比例	试教课比例
教师挑选回答问题的方式	提问前先点名	0	0	11.1%
	让学生齐答或自由答	13	29%	28.9%
	叫举手者答	31	69%	57.8%
	叫未举手者答	0	0	2.2%
	鼓励学生提出问题	1	2%	0
学生回答的方式	集体齐答	8	18.2%	19.5%
	讨论后汇报	15	34.1%	0
	个别回答	16	36.4%	68.3%
	自由答	5	11.3%	12.2%
	无人回答	0	0	0
教师的回应方式	肯定回应	15	78.9%	71.4%
	否定回应	0	0	0
	无回应	0	0	0
	打断回答或教师代答	0	0	0
	重复学生回答并解释	4	21.1%	28.6%

3. 师生对话深度

通过两次课师生对话深度的分析，可以看出Y老师在试教课中一到三级深度的对话方式贯穿了全课，大部分的师生对话都聚焦在一二级深度中，缺乏三级以上深度的问题。而对照课四级和五级深度的问题共占9.2%左右。

表 4-5-8 Y老师改进课不同对话深度的频次与比例

对话深度	频次	对照课比例	试教课比例
一级深度	14	31.8%	61%
二级深度	13	29.5%	31.7%
三级深度	13	29.5%	7.3%
四级深度	3	6.8%	0
五级深度	1	2.4%	0

例如：

教师：那什么时候需要增大摩擦力？怎么增大？什么时候需要减少摩擦力呢？怎么减小？

学生：雨雪天气路面湿滑，需要增大摩擦力。需要在路面上撒东西（沙子、盐或融雪剂）来增大摩擦力。（由于学生知识水平和城市中的融雪措施引起了学生的错误判断）

教师：冰面上撒沙子是可以增大摩擦了，但撒盐不是增大摩擦力，是为了让冰加速融化，我们城市中经常使用融雪剂除冰，因为卫生容易清除，环境负担小。

学生：机器运行时齿轮间需要减小摩擦，在机器的齿轮上加机油减小摩擦力。（家里有汽车的同学会想到机油）

4. 师生课堂行为基本结构

吕老师和陈老师两位老师在听课时辅助我们进行S-T采样，以10秒为单位进行师生活动记录，对师生课堂活动情况进行编码分析。依据采样记录结果，利用公式进行测算。S-T分析显示，学生行为（S）共153次，教师行为（T）共87次，通过计算公式得到教师行为占有率（RT）为36.3%。相同行为占有率（g）为36，计算可得教师行为转换率（CH）为14.6%。借此数据，以横轴为Rt，纵轴为Ch，绘制Rt-Ch图，两个数据的连接点都落在了练习区，因此可以判断这节课教学方式属于"练习型"教学模式。

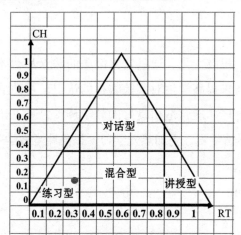

图 4-5-2　Y老师改进课的教学Rt-Ch图

比较结论与改进建议

1. 问题结构

Y老师改进课比试教课更注重"如何类"问题与"若何类"问题，这一点非常值得肯定，在今后的课堂上要多加运用。

2. 理答方式

改进课比试教课更加严谨，虽然没有直接否定学生的错误回答，但是及时纠正了学生的错误观念。

3. 师生对话深度

改进课比试教课对话深度加深，更注重学生的思维深度和广度，一、二级深度的问题大大减少，三、四级深度的问题增加了10%左右。

4. 师生课堂行为基本结构

改进课与试教课相比，课堂结构从混合型转换为练习型（在科学课堂上我认为应叫学生探究型），科学探究是科学课堂的特色，学生有充分的探究时

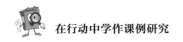

间和活动，能与教师有良好的互动，学生间有充分的合作。

小　结

课堂教学发现的积极变化，通过建立健康的课堂互动环境来促进师生之间的有效互动，以此来提高学生对实验教材的认识，帮助学生在恰当的实验环境下进行操作，这样才能营造出良好的教学环境，真正让学生在快乐、民主、自主的环境下尽情学习，更加热爱学习，提高课堂教学效率。

三、结论与启示

（一）明确前测目的，进行有效的课前测，为师生有效互动打下基础

有效教学的评价标准是学生的有效学习，其核心是学生的进步和发展，教学是否有效主要是看学生的学习效果，看学生在多大程度上实现了有效学习，是否在学习上取得了一定的发展和进步。所以，学生的有效学习可以从课堂教学中体现出来，如何使学生从一开始就进入有效的学习的氛围中呢？科学单元的第一课就是科学课的前测，教师要充分利用第一课了解学生的知识层次，以单元为核心进行备课，最大限度地调动学生探究科学知识的兴趣。通过这一课前准备环节来激发学习的学习动机，打开"学生想学""学生要学"和"自己主动去学"的心扉，在没有进入单元教学学习前，自己去探索、摸索，为进入单元学习，事先建好兴趣的桥梁，因为，学习任何事物都是从兴趣开始的。

（二）加强教师自身的修养，学习控制课堂学习进度，创设和谐的探究氛围，为有效师生互动提供环境

作为一名教师，应该具备熟练操控驾驭课堂的能力，并且善于进行自我调节。从学生和老师两方面综合起来看，我们可以发现，学生的学习兴趣受教师知识积累、自身修养和教学情绪的影响。教师要努力提高自己的知识水

平、业务能力、个人修养来影响学生。要想有一个理想的课堂气氛，就要求教师在提高自己业务水平、自身修养的前提下，学会稳定情绪、调节气氛，以饱满、激昂而又冷静的情绪去感染学生，最大限度地调动其学习积极性，努力创造一个最佳的课堂气氛。只要我们多一点接受学生对科学的质疑思考、失败探究，我想我们收获的也许比想象的要多得多。

（三）课堂教学中，采用多种方法增强师生互动的有效性

选题符合学生的认知水平，找准切入点，让师生能互动。教师对教学内容深度和广度的确定，一方面应考虑学生现有的智力水平和最近发展区，另一方面应考虑学生的学习特点及爱好、性格特点，积极调动学生的非智力因素，让每一位学生都能积极地投入到教学过程中来。因此，我们平时应注意了解学生，做到对学生了如指掌，同时要分析、研究教材，注意准确把握教材内容的深度和广度。

优化问题设计，让师生巧互动。教学互动起源于问题，问题推动了教学互动，通过研究我们认为在教学过程中问题的设计需要把握以下几点：第一，问题的设计应紧紧围绕教学目标，为教学目标服务；第二，设计的问题应简洁、明确，看了以后知道应该从哪方面去思考和回答问题；第三，设计的问题最好是发散性问题，让学生有东西可说，又能给学生的思维创造留下充分的空间；第四，问题应该具有一定的难度，可以设计有梯度的系列问题；第五，设计的问题最好能引起争辩，争辩的问题容易引起互动；第六，在实施合作学习过程中，教师选择的问题还应该是在一般情况下个人难以完成的，这样让学生在独立思考的基础上开展合作学习。

四、感悟和收获

通过研究、实践课堂、师生互动总结出学生活动时间对科学探究的深度有怎样的影响。优化小学科学课堂教学时间管理，充分发挥教学时间的综合

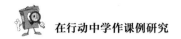

效用。在课堂上，主角不止教师一个，众多的学生也是课堂的重要参与者，学生才是课堂的主体，因此，教师在进行教学时要多多关注学生的反应，鼓励学生多提问题，积极参与到课堂中来，增强教学氛围，这样才能大大提高课堂教学效率。在课堂仅有的四十分钟内，学生有许多疑惑不可能全都得到解决，这时就需要教师利用课余时间，加强与学生之间的交流，帮助学生解决问题。同时，在交流时，教师可以采用丰富的表情和肢体语言，将枯燥无味的课本知识生动形象地传授给学生。在学生遇到挫折时，要对学生多多进行开导，多用激励性语言鼓舞学生，帮助学生树立自信心。